Tom Wolf

111 Orte
in Potsdam,
die man gesehen
haben muss

emons:

Bibliografische Information der Deutschen Nationalbibliothek
Die Deutsche Nationalbibliothek verzeichnet diese Publikation
in der Deutschen Nationalbibliografie; detaillierte bibliografische
Daten sind im Internet über http://dnb.d-nb.de abrufbar.

© Emons Verlag GmbH
Alle Rechte vorbehalten
© der Fotografien: Tom Wolf
Gestaltung: Eva Kraskes, nach einem Konzept
von Lübbeke | Naumann | Thoben
Kartografie: altancicek.design, www.altancicek.de
Kartenbasisinformationen aus Openstreetmap,
© OpenStreetMap-Mitwirkende, ODbL
Druck und Bindung: Grafisches Centrum Cuno, Calbe
Printed in Germany 2015
ISBN 978-3-95451-419-9
Originalausgabe

Unser Newsletter informiert Sie
regelmäßig über Neues von emons:
Kostenlos bestellen unter
www.emons-verlag.de

Vorwort

»Dies Eyland muß ein Paradies werden«, hatte Johann Moritz Fürst von Nassau-Siegen Mitte des 17. Jahrhunderts zum Großen Kurfürsten Friedrich Wilhelm von Brandenburg gesagt. Das war die Geburtsstunde der Landschaftsverschönerung der »Insul Potsdam«, die von allen nachfolgenden Landesfürsten mehr oder minder aktiv betrieben wurde. »Sie werden diese Stadt lieben«, konnte Preußenkönig Friedrich II. stolz behaupten. Als er starb, hinterließ er eine propere kleine Garnisonsstadt. Seine Nachfolger gestalteten im 19. Jahrhundert die Potsdamer Schlösser- und Gärtenlandschaft weiter aus. Der Park Sanssouci wurde bereichert, der Neue Garten und der Babelsberger Park entstanden. Doch am 30. Januar 1933, als der greise Feldmarschall und Staatspräsident Hindenburg in der Garnisonkirche den »Führer« Hitler puschte, wurde für das alte Potsdam der Niedergang eingeläutet.

Nach dem Zweiten Weltkrieg lag die Stadt in Schutt und Asche. Aus der sowjetischen Besatzungszone wurde die Deutsche Demokratische Republik mit der schon bald allmächtigen SED, die vieles, was baufällig und/oder ihr politisch missliebig war, dem Erdboden gleichmachte. Aber es wurde auch damals schon restauriert und gepflegt. Nach der Wiedervereinigung von Deutscher Demokratischer Republik und Bundesrepublik Deutschland führte Potsdam lange ein Schattendasein. Jetzt aber ist es plötzlich »hip«, in Potsdam zu leben. Längst sprengt die Stadt ihren alten grauen Kokon, sodass sich eine Entdeckungsreise lohnt. Das eine oder andere des hier Versammelten dürfte selbst den lokalpatriotischsten Alt- und Neupotsdamern unbekannt sein. Oder wüssten Sie, wo Potsdams erste und einzige Skisprungschanze zu finden ist?

111 Orte

1 Der Abend über Potsdam

Schatten über einer sterbenden Welt

Lotte Laserstein (1898–1993) war eine gegenständliche Malerin. Geboren im masurischen Preußisch Holland, lebte sie zur Zeit der Weimarer Republik in Berlin-Steglitz. 1930 malte sie ihr berühmtestes Bild »Abend über Potsdam«. Dazu pendelte sie mehrfach zwischen der Wohnung von Potsdamer Freunden und ihrem Berliner Atelier hin und her. Auf dem Potsdamer Balkon entstand eine Umrissskizze der Stadtlandschaft und der Figuren der Freunde. Später im Atelier begann die Feinarbeit.

Das großformatige Gemälde, das heute als Blickfang die Abteilung »Neue Sachlichkeit« in der Berliner Nationalgalerie repräsentiert, zeigt quasi ein symbolisches Potsdam vor der bereits aufziehenden Krise der Republik. Die Abendgesellschaft sitzt in sich gekehrt, nur einer – vielleicht vom Wein berauscht – schaut mit der Andeutung eines Lächelns über sein geliebtes Potsdam. Ob das Mahl bereits abgeräumt ist oder einfach nur aus Getränken und Häppchen bestand, ist nicht klar und auch nicht entscheidend. Die drückende Stimmung ist das eigentliche Thema.

Jahrzehntelang hing das Bild in Lotte Lasersteins Wohnung in Schweden und erinnerte sie stets an das, was sie verloren hatte. 1937 musste sie, weil sie Jüdin war, Deutschland verlassen. Auf einem späten Selbstporträt von 1950 hat sie das Bild im Hintergrund mit aufgenommen. »Meine Freunde« hat sie es später genannt: Die Filmschauspielerin Traute Rose, lebenslange Freundin, Muse und Modell Lotte Lasersteins, ist die schmale, dunkle Gestalt links am Geländer, die verloren auf die Stadt blickt. Ihr Mann Paul Rose (Sohn des Gründers des Berliner Rose-Theaters, Bernhard Rose) sitzt elegant hingegossen am Tisch, eine Künstlertolle im Haar, versteht sich.

Der Ort des Geschehens muss eine Wohnung mit Balkon in einer Villa der Gregor-Mendel-Straße gewesen sein, unweit vom heutigen Aussichtspunkt, dem »Weinberg-Belvedere«.

Adresse Weinberg-Belvedere Gregor-Mendel-Straße, 14469 Potsdam | **ÖPNV**
Bus 695, Haltestelle Brentanoweg | **Tipp** Ein Spaziergang auf den benachbarten
Ruinenberg verdeutlicht jedem, dass Potsdam seine Höhen und Tiefen hat. Ein
Kistchen Austern und Champagner mit Freunden auf dem Rand des Ruinenberg-
bassins verzehrt – wo einst »Naumachien« stattfinden sollten –, das ist der Gipfel
heutiger Potsdamer Lebensart.

2 Der Adolf-Hitler-Platz

Der Führer lebt

Der »Tag von Potsdam« war das Schlimmste, was der Stadt passieren konnte. Trotz Kriegsbombardierungen und Sprengungen in der SED-Zeit haben sich größere Relikte der Hitler-Diktatur erhalten. Die Wohnsiedlung hinterm S-Bahnhof Charlottenhof zählt dazu. Sie wurde 1935 bis 1938, in der Friedenszeit des zwölfjährigen Reiches, erbaut. Oberbürgermeister und Generalmajor a. D. Hans Friedrichs (NSDAP) regte damals die Gründung von Wohnungsbaugenossenschaften an und setzte sich mit der Friedrichsstadt, entworfen von Georg Fritsch, selbst ein Denkmal.

Die Mitgliedschaft in einer der Potsdamer NS-Wohnungsbaugenossenschaften kostete circa 200 Reichsmark im Jahr. Die Wohnungen waren größtenteils kleiner als 50 Quadratmeter, verfügten über Küche, Bad, Kohleöfen, Trockenböden und Keller. Zwei der dortigen Häuser hatten bereits eine Schwerkraft-Zentralheizung.

Die an der Schiller-, Wieland- und Grillparzerstraße gebauten dreigeschossigen, einst gelbbraunen Häuser greifen die Potsdamer Bautradition einer »offenen Blockbebauung« auf. Vereinzelt werden die Holländerviertelgiebel zitiert. Die Kopfbauten am damaligen Adolf-Hitler-Platz mit ihren gewaltigen, hoch aufragenden Mauerbögen – Vorbild war das Reichsparteitagsgelände – bilden das Tor zur Hauptachse, die den Platz des Führers mit dem seines Reichsmarschalls verband. Der Hermann-Göring-Platz (heute namenlos) mit der sogenannten »Bastion« war Aufmarschgelände und Überleitung zur Parkzeile am Havelufer.

Natürlich wurde zu SED-Zeiten alles getan, um die 503 unbeschadet gebliebenen Wohnungen des NS-»Bauvereins für Kleinwohnungen« ideologisch reinzuwaschen. Aus dem Adolf-Hitler-Platz wurde der Schillerplatz. Einige Kriegsschäden wurden in den Fünfzigern wieder restauriert. Heute bemüht sich eine Bürgerinitiative um den Wiederaufbau der NS-Bastion am Hermann-Göring-Platz. Alle Achtung! Der Führer wäre sicher stolz auf sie.

Adresse Schillerplatz, 14471 Potsdam | **ÖPNV** Tram 91, 94, Haltestelle Schillerplatz | **Tipp** Im Haus Wielandstraße 22 versteckten Dorothea Schneider und ihre Tochter Christa-Maria Lyckhage ab 1943 erfolgreich jüdische Mitbürger und retteten sie vor der Ermordung.

3_ Der allerliebste Freund

Gassi gehen mit der Kaiserin

Als Augusta von Sachsen-Weimar-Eisenach neun Jahre alt war, pries Goethe sie 1820 in einem kleinen Gedicht. Er sparte nicht mit Übertreibungen, wie es bei Lobpreisungen fürstlicher Hoheiten Sitte war:»Alle Pappeln hoch in Lüften, / Jeder Strauch in seinen Düften, / Alle sehn sich nach dir um … Lustschalmeien will man hören, / Flöten, Hörner und von Chören / Alles, was nur Freude regt. / Selbst an seiner strengen Kette / Springt das Freundchen um die Wette, / Immer hin und her bewegt.«

Das Freundchen an der Kette? Was will der Dichter uns hier sagen? Ein frühes Bild der kleinen Prinzessin löst das Rätsel: Ein Hündchen kuschelt sich in ihren Schoß. Sie sieht glücklich und zufrieden aus. 1829 jedoch musste sie in Charlottenburg, mehr dem Wunsche ihres Vaters als ihrem Herzen gehorchend, den preußischen Prinzen Wilhelm heiraten.

Augustas Intelligenz und ihre Liebe zu Diskussionen waren dem bräsigen Willi schnell zu viel. Er nannte sie»Feuerkopf« und sah in ihrer geistigen Wachheit einen »Anstrich von femme d'esprit …, der nicht erwünscht für sie ist«. Natürlich meinte er: nicht erwünscht ist für mich. Die Ehe wurde daher – trotz dreier Kinder – sehr unglücklich. Der König ging fremd, verkroch sich ins nachgebaute Mittelalter und wäre ohne den findigen Berater Bismarck weder Sieger über Frankreich noch Kaiser von Deutschland geworden.

Augusta dagegen dachte selbst und führte eine rege politische Korrespondenz. Sie tauschte sich etwa mit Florence Nightingale aus und engagierte sich für soziale Verbesserungen. 1872 gründete sie eine kirchliche Stiftung, die in Potsdam ab 1902 ein Heim für Kriegswaisen unterhielt. Der Komplex im neogotischen Stil am Neuen Garten wurde später zur KGB-Zentrale. Vor Schloss Babelsberg ließ Augusta, 1871 bis 1890 deutsche Kaiserin, ihrem letzten, treuen und allerliebsten »Freundchen an der Kette« ein Denkmal setzen.

Adresse Schloss Babelsberg, Park Babelsberg, 14482 Potsdam; die Skulptur befindet sich vor der rechten vorderen Schlossecke | **ÖPNV** Bus 694, Haltestelle Schloss Babelsberg | **Tipp** Der Pleasureground mit seinen hübsch gestalteten Beeten und die wiederhergestellte Rosentreppe zur Havel hinab sind nur ein paar Schritte entfernt.

4_ Die alte Achteck-Kirche

Eine glückliche Exruine

Vor 20 Jahren war die Alte Neuendorfer Kirche noch eine traurige achteckige Ruine, die einfallslose Verkehrsplaner nur allzu gern dem Ausbau einer nahen Hauptverkehrsstraße opfern wollten. Fast wäre es auch so gekommen, hätte es da nicht eine kleine Gruppe von Beschützern gegeben, die sich partout an die Mauerreste klammerten und sie zu etwas Erhaltenswertem erklärten.

Es folgten rauschende bunte Ruinenfeste, Festigung des Bürgersinns, Heranbilden einer einflussreichen Lobby. Langsam flossen private Spenden- und öffentliche Fördergelder. Erste Bauuntersuchungen und Planungen konnten bezahlt werden und machten Hoffnung. Mehrere Bau- und Restaurierungsbetriebe erkoren das Projekt zu ihrem Renommierobjekt, was stets das Beste ist, was einer ambitionierten Ruine passieren kann.

Viele Originalsteine waren noch vorhanden. Behutsam wurden ab 1999 bauliche Untaten entfernt, ein schiefergedeckter Dachstuhl mit einem Riesenkran aufs befestigte Maueroktogon gehoben. Zwei Handwerksmeister nahmen sich ehrenamtlich der heiklen Frage der Kuppeldecke an. In monatelanger Feinarbeit schufen sie ein Kunstwerk in sogenannter Rabitztechnik. Sie hätten Lehrlinge in diesem fast vergessenen Verfahren ausbilden können, doch leider gab es keine. Anhand eines einzigen erhaltenen Maßwerkfensters wurden die Fenster und die Bleiverglasungen angefertigt. Man baute eine für Kirchen sicher nicht eben gewöhnliche hochmoderne Fußbodenheizung ein. Das täuschend echte Schnitzwerk des Gestühls fräste aus Kostengründen ein Computer aus Kunststoff – ätsch, Holzwurm!

Neben ihrer eigentlichen Bestimmung wird die neue Alte Neuendorfer Kirche auch als Trauungszimmer und Veranstaltungsort für Konzerte genutzt. Durch eine spezielle Beschichtung ist die Akustik besser, als es der Bau erwarten lässt. Auf der Empore kann man sich die spannende Dokumentation der Kirchenwiedergeburt anschauen.

Adresse Neuendorfer Anger 1, 14482 Potsdam | **ÖPNV** Bus 619, 694, Haltestelle S-Bahn Babelsberg/Lutherplatz | **Öffnungszeiten** Di 16–17 Uhr, Sa 15–17 Uhr | **Tipp** Man schlendere durch die nahe Glasmacherstraße. Hier irgendwo hat der Alchimist Kunckel »dem Kurfürsten sein Rubinglas« erfunden.

5 Die Aussichtsdeponie

Bergtour auf den Westmüll

52 Hektar Fläche umfasst die ehemalige Deponie Wannsee. Mit 94,8 Meter Höhe ist sie 80 Zentimeter höher als der Potsdamer Telegrafenberg. Nur der Große Ravensberg mit 108,2 Metern überragt den grenznahen Monte Scherbellino. Zwischen 1956 und 1980 wurden hier zwölf Milliarden Kubikmeter Haus- und Gewerbeabfälle, Bodenaushub und Bauschutt, aber auch Sonderabfälle abgelagert. Leider geschah dies nicht sehr sorgfältig, sodass schon Ende der achtziger Jahre erhöhte Arsenmengen im Grundwasser Alarm auslösten.

»In den folgenden Jahren wurde eine Vielzahl von Messstellen im Umfeld der Deponie eingerichtet, die sowohl das auf dem Geschiebemergel abfließende Sickerwasser der Aufschüttung erfasst als auch die verschiedenen Grundwasserhorizonte erschließen«, schreibt die Berliner Senatsverwaltung.

Man fand die Ursache für die Wasserverschmutzung in der mangelnden oberflächlichen Abdeckung und erhöhte den aufgebrachten Mutterboden bis auf 1,70 Meter. Es wurden standorttypische Pflanzen angesiedelt, um so eine obere Wasserspeicherschicht aufzubauen, die künftig verhindern soll, dass Sickerwasser in die brisanten Deponieschichten eindringt. Das Gelände wurde jahrelang erbittert gegen Wild, vor allem gegen Wildschweine, verteidigt, die regelmäßig alles umpflügten und die Pflanzendecke zerstörten. Etwa zehn Millionen Euro später, also heute, scheint die Renaturierung der Dreckalpen vor dem Abschluss zu stehen.

Besucher überwinden inzwischen die Wildzäune und erkunden beherzt das Müllgebirge. Ein bisschen kommt das Gefühl auf, das einzige höhere Lebewesen in einem Naturreservat zu sein. Wer es in den innersten und obersten Zirkel geschafft hat, wird mit einem überwältigenden Ausblick Richtung Berlin und Potsdam belohnt. Es empfiehlt sich, ein Fernrohr mitzunehmen, allerdings auch ein Zeckenbesteck und Mückenspray – ohne Treibgas versteht sich!

Adresse Alte Mülldeponie, 14109 Berlin-Wannsee | **ÖPNV** Bus 118, Haltestelle Stölpchenweg, von hier aus gut 1,5 Kilometer westlich in den Wald hinauf, über Wildzäune | **Tipp** Nach der Kletterei sitzt es sich gut bei einem kühlen Bier im Café-Restaurant Hubertusbaude, Stölpchenweg 68, 14109 Berlin-Wannsee.

6 __ Die Badestelle

Tauchen vor Jauch und Joop

Waren Sie schon mal mit Joop und Jauch in derselben Badewanne? Kein Problem – tauchen Sie einfach in den Heiligen See ein. Hauptsache, Sie sind frisbeescheiben- und ballfest, wenn Sie über die Liegewiese zum Ufer gehen. Das Wasser hat Sauberkeitsstufe eins plus.

Falls Sie nun keine Badehose von Joops Label »Wunderkind« haben, so ist das nicht weiter tragisch. Er sieht es wahrscheinlich nicht so eng und hat Besseres zu tun, als die Badestelle zu überwachen. Joop bewohnt die Villa Wunderkind am Seeufer in der Seestraße, direkt neben seinem Büro und Atelier in der Villa Rumpf, ebenfalls mit Anleger am Heiligen See.

Joop ist ein waschechter Potsdamer, aufgewachsen im Krongut Bornstedt, mit zehn umgezogen nach Braunschweig. Nach der Wende kehrte er heim und kaufte die Villa Rumpf, die zu DDR-Zeiten ein Domizil für Künstler war. Jetzt ist und bleibt er in Potsdam. Man konnte ihn bei der Hochzeit des jungen Preußenchefs Friedrich Georg und Prinzessin Sophie von Isenburg sehen, deren Kleid er entworfen hatte. Aber auch beim Bäcker kann man ihm schon mal begegnen oder im Fitnessstudio. Er mag die Potsdamer und ihre Direktheit. »Da sprach mich plötzlich ein nicht mehr ganz junger Potsdamer an: Biste Joop? Ich antwortete: Ja, bin ich. Er: Find ick jut. Das ist der Potsdamer, wie er leibt und lebt.«

Der Betonklotz neben Joops Grund wird von Günther Jauch bewohnt. Er hat ihn sogar selbst bauen lassen. Günther Jauch ist nicht in Potsdam geboren. Aber er ist nicht weniger leutselig und definitiv patriotischer Potsdamer. Seine Kritik an den lokalen Immobilienmachenschaften ist ebenso legendär wie seine Initialspende für die Stadtschlossattrappe. Nur bei seiner Hochzeit im Pfingstberg-Belvedere (kann übrigens jeder nutzen, kostet 400 Euro), da wollte er verständlicherweise im Familienkreis bleiben. Ob er im Heiligen See badet? Ja, warum denn nicht?

Adresse Seestraße, 14467 Potsdam; am Nordende der Seestraße führt eine kleine Brücke über den Hasengraben in den Neuen Garten zur Badestelle | **ÖPNV** Tram 93, Bus 316, Haltestelle Mangerstraße | **Öffnungszeiten** Neuer Garten mit dem Heiligen See Mo–So 8–21 Uhr | **Tipp** Im Remisengebäude der Villa Bier, Friedrich-Ebert-Straße 37, vis-à-vis vom Rathaus, befindet sich Wolfgang Joops Wunderkind-Boutique. Genug Geld einstecken!

7 __ Der Barry-Lyndon-Blick

Mopke eins, die Erste!

Es brachte der DDR mit Sicherheit eine Menge Devisen. Und es wäre keinesfalls möglich gewesen ohne Kontakte zwischen Hollywood und DEFA. Keiner weiß, wie es funktioniert hat, aber das Ergebnis ist seit 1975 Bestandteil der internationalen Filmgeschichte: das Zweieinhalbstundenepos »Barry Lyndon«, eine Geschichte aus dem 18. Jahrhundert nach dem Roman »Die Memoiren des Junkers Barry Lyndon« (1844) von William Makepeace Thackeray.

Nun wäre der Film, der eine einzigartige Sammlung bedeutender historischer Drehorte darstellt, zweifellos auch ohne die kleine Einstellung am Neuen Palais ausgekommen. Doch die nur für wenige Sekunden sichtbare Kutschpassage zwischen den Communs – den Wirtschaftsgebäuden – und dem Schloss, aufgenommen vom westlichen Parkeingang her, ist für die Stimmigkeit der Gesamtkomposition unerlässlich.

Kubrick hat mit Barry Lyndon sein Meisterwerk abgeliefert. Der fertige Film sollte den Eindruck machen, als habe ihn ein Regisseur des 18. Jahrhunderts gedreht. Das ist ihm – bei aller Absurdität dieser Vorgabe – ohne Zweifel gelungen. An über zwei Dutzend Drehorten, Schlössern in Irland, England und Deutschland, entstand ein einzigartiges Porträt der Zeit des Siebenjährigen Krieges und des ausgehenden 18. Jahrhunderts. Weitere Schlossszenen in Deutschland wurden auf der Burg Hohenzollern sowie in Schloss Ludwigsburg aufgenommen.

Die kurze Szene im Park Sanssouci sollte für Unter den Linden im Berlin der 1760er Jahre stehen. Die »Mopke«, jener holprige Pflasterstrand zwischen Neuem Palais und Communs, war für den Dreh dick mit Sand bestreut und – so wie es aussieht – mit einigen frischen Bäumchen bestückt worden. Zwei Kutschen und Spaziergänger vervollständigten die Illusion, mit der Kamera direkt in die Zeit Friedrichs des Großen zu blicken. »Barry Lyndon« hat als einziger Kubrick-Film seine Kosten nicht eingespielt.

Adresse Am Neuen Palais, 14469 Potsdam | **ÖPNV** Bus 605, 606, 695, Haltestelle Neues Palais | **Tipp** Der Bibliotheksneubau (Haus 10) des Campus Neues Palais, Am Neuen Palais 10, ist eine futuristische Punktlandung hinter den Communs – beeindruckender Kontrast von Hypermoderne und Friderizianischem Rokoko.

8_ Die Bayrisch Bierbrauerei

Nicht von der Stange!

Ein Mann mit Bierbauch grüßt von der Wand herab. Der Kelch in seiner Hand und die Krone weisen ihn aus: Es ist der sagenhafte flandrische König Gambrinus, die Symbolfigur der Bierbrauer. Lustige Humanisten des 16. Jahrhunderts haben ihn sich ausgedacht.

1829 waren W. Adelung und A. Hoffmann, zwei Potsdamer Braumeister, von »Braustudien« aus München zurückgekehrt und bewiesen in ihrer frisch eröffneten »Bayrisch Bier Brauerey« bald allen Potsdamern, dass sie hervorragend spioniert hatten. Sie übernahmen das seit 1716 existierende staatliche Preußische Hofbräuhaus (die »Königliche Brauerei«) und brauten im ehemaligen Speicher eins – wo Gambrinus hinguckt – das erste untergärige Lagerbier Münchner Art in Preußens Residenz. Aber traditionsbewusst, wie sie waren, hielten sie auch der heimischen Brautradition die Stange – die Potsdamer Stange. Dieses obergärige Schankbier, ein alkoholreiches, in der Flasche weitergärendes, stark schäumendes Bitterbier, welches aus hohen Gläsern getrunken wurde, war in den Regierungszeiten des »Soldatenkönigs« und des »Alten Fritz« fester Sold-Bestandteil der Soldaten. Dass es nach wie vor auch zur Potsdamer Lebensart gehört, beweist heute die Braumanufaktur.

Der Braubetrieb verlagerte sich 1834 in die Leipziger Straße 60. Man trieb hintern Haus Stollen in den Brauhausberg und kühlte darin das Bier mit Eis aus der Havel, Stangeneis, versteht sich. 1896 übernahm die spätere Berliner Kindl-Brauerei die Regentschaft und expandierte. Weiter östlich am Berg entstand eine neue Brauerei. Gambrinus hat viele Hausbesitzer in der Leipziger Straße 60 gesehen. Vor über 20 Jahren hat sich das alternative Kulturprojekt »Archiv« der Immobilie bemächtigt und sich – nach langen Kämpfen – inzwischen mit der Stadt über die dauerhafte Nutzung und Renovierung verständigt. Ein kühles Helles auf die nächsten 20!

Adresse Leipziger Straße 60, 14473 Potsdam | **ÖPNV** Bus 693, Haltestelle Schwimm-halle | **Öffnungszeiten** Innenhof immer zugänglich; Kneipe Mo–So ab 20 Uhr | **Tipp** Ein Spaziergang über die Halbinsel Hermannswerder empfiehlt sich zu jeder Jahres-zeit. Von hier kann man mit einer Gierseilfähre zum Wohngebiet »Auf dem Kiewitt« in die Innenstadt übersetzen.

9 Die Berliner Hermen

Alles Spolien oder was?

Die Bedeutung des seltsamen Wortes »Spolien« erläutert beredt die rückwärtige Fassade des Schlosses Glienicke: Es sind Teile von Reliefs, Bodenmosaiken, Wandverzierungen, Kapitele, Fragmente von Statuen, Splitter von Balustraden – alle aus ihrem einstigen Kontext gerissen. Hier an der Schloss-Pinnwand sind sie bloß noch Deko-Elemente.

Prinz Carl von Preußen (1801–1883) war ein großer Liebhaber der griechisch-römischen Antike. Ein Historiker und Archäologe half ihm, eine Sammlung exzellenter antiker Kunstwerke anzulegen. Carl hatte keine Skrupel, echte Kleinode in sein privates Ambiente einzubetten. Im Fußboden des Teepavillons »Kleine Neugierde« in der Parkecke an der Glienicker Brücke liegen antike Originalmosaike aus Karthago. Von vielen Reisen brachte der Prinz auch Material für die täuschend echte, wildromantische Dekoration des »Klosterhofes« mit.

1863 jedoch erhielt er eine Spende, mit der er zunächst nichts anzufangen wusste. Vier Hermen vom Dach des Donner'schen Palais am Berliner Festungsgraben wurden geliefert. Der Erbauer dieses Hauses ist Kammerdiener der Gattin Friedrichs II. gewesen. Sein Palais war 1808 Sitz des Finanzministeriums geworden. Ein dort residierender Minister, sehr zum Thema Lapidarium (= Prinz Carls Sammlung alter nutzloser Steine) passend, war Karl Reichsfreiherr vom und zum Stein. Kleiner Wink mit dem Steinpfahl: Lapis heißt auf gut Lateinisch Stein.

Die vergessenen Männer, die hier noch immer im Laub liegen und darauf warten, den anderen Spolien Carls Gesellschaft zu leisten, sind nach Entwürfen des Bildhauers und Porzellanmodellierers Ernst Heinrich Reichard (gestorben in Berlin am 25. Juli 1764) aus schlesischem Sandstein gehauen worden. Reichard hat die Königliche Porzellan-Manufaktur (KPM) mit seiner Kunst zur Blüte gebracht. Man möchte ausrufen: Erbarmt euch ihrer, Kustoden, und mauert sie endlich ein!

Adresse Königstraße 36, 14109 Berlin-Wannsee | ÖPNV Tram 93, Bus 316, Halte-
stelle Glienicker Brücke | Tipp Der immer offene Volkspark Glienicke ist der Geheim-
tipp für alle naturbedürftigen Berliner: Hier hört man (fast) nur Grillengezirp, wenn
man im zumeist hohen Gras liegt. Oben auf dem Hügel träumen einige Hohenzollern
in ihrer Grablege.

10 Der Bildungskasten

Es kommt darauf an, die Welt zu verändern

Die Wissenschaftliche Allgemeinbibliothek (WAB) Potsdam war ein Halt für alle, denen es im Bezirk zu langweilig wurde. Hier konnte man sitzen und sich bilden, auch wenn auf dem unvermeidlichen Wandbild des Staatskünstlers der Soldat zwischen die Regale grätschte. Als sie 1974 eröffnet wurde, war die WAB zugleich ein Muster für den Ost-Bibliotheks-Typ WAB.

Der heutige Kasten stimmt in seinen Abmessungen noch im Wesentlichen mit dem alten überein. Es wäre schön gewesen, wenn jemand den Mumm gehabt hätte, die moderne Blockbebauung im Stadtzentrum zu restaurieren und zu erhalten. Sicher hätte die Original-DDR-Fachhochschule (auch Klotz as Klotz can) dem »falschen« Retro-Ensemble aus Scheinschloss, Schinkelkirche und (p)ostmoderner Kulturhausfassade optisch wunderbar Paroli geboten.

Aus der WAB wurde die Stadt- und Landesbibliothek, und damit sie sich nicht so ernst nimmt, versteckte man sie in einem »Bildungsforum« neben der VHS »Albert Einstein« und der Wissenschaftsetage. Dort, in den großen Kästen des »Forschungsfensters«, kann man bestaunen, was deutsche Einsteins so alles unter der Mütze hervorholen. Ein Modell etwa zeigt und erläutert die Funktionsweise des Neutrinodetektors IceCube, der seit 2013 in der Antarktis in einem Schacht im ewigen Eis steckt und auch den Potsdamer Astrophysikern Daten liefert.

Die herrlich absurde Stahlskulptur von Ulrich Dalichow und Günter Junge von 1978, die vor der WAB stand, wurde leider abgebaut und andernorts – vor dem Oberstufenzentrum in der Jägerallee – wieder aufgestellt. Wer will, muss sie dort verinnerlichen und sie sich vor den Bildungskasten denken. Die »Transparente Weltkugel«, geformt aus Marxens elfter Feuerbachthese, verkündet noch heute, was selbst die SED-Marxisten nicht beherzigten: »Die Philosophen haben die Welt nur verschieden interpretiert; es kommt aber darauf an, sie zu verändern.«

Adresse Am Kanal 47, 14467 Potsdam | **ÖPNV** Tram 91, 92, 93, 94, 96, 98, 99, Haltestelle Platz der Einheit/Bildungsforum | **Öffnungszeiten** Stadtbibliothek Mo 15–19 Uhr, Di–Fr 10–19 Uhr, Sa 10–16 Uhr | **Tipp** Das kleine Bibliotheks-Café mit einem weiteren schönen DDR-Wandbild ist unbedingt besuchenswert. Im schwülen Sommer kann man draußen sitzen, was Kühles trinken und den anderen beim Verkehrsgewühl zuschauen.

11 __ Der Billy-Wilder-Platz

»One-Stop-Shop« für Produzenten

Studio Babelsberg nennt sich »das älteste Großatelier-Filmstudio der Welt«, die »Wiege des deutschen Films« und den »größten zusammenhängenden Studiokomplex Europas«. Alfred Hitchcock drehte hier 1924/25 seinen ersten Film. »Alles, was ich über das Filmemachen wissen musste, habe ich in Babelsberg gelernt«, sagte er später.

In Kaiserzeit, Weimarer Republik, Nazizeit, DDR und dem neuen Gesamtdeutschland hat sich natürlich Beachtliches angesammelt, von »Metropolis« über »Die Legende von Paul und Paula«, »Die Bourne-Verschwörung« und »Der Pianist« bis zu den »Inglourious Basterds«.

Hier »weht einen«, wie Ulrich Mühe es in »Schtonk« unschlagbar treffend formulierte, »schon so etwas an«. Man kann es greifen, obwohl es nicht zu sehen ist. Allein der Gedanke an all die großen Regisseure und Schauspieler, die über den Billy-Wilder-Platz liefen, um in die Marlene-Dietrich-Halle zu kommen, macht einen richtig schwindlig. Friedrich Wilhelm Murnau, Ernst Lubitsch, Fritz Lang, Josef von Sternberg, Billy Wilder, Wolfgang Staudte, Volker Schlöndorff, Roman Polanski, Quentin Tarantino, Tom Tykwer und Roland Emmerich haben hier irgendwo einmal auf dem Regiestühlchen gesessen. Pola Negri, Louise Brooks, Lilian Harvey, Emil Jannings, Marlene Dietrich, Armin Mueller-Stahl, Adrien Brody, Christoph Waltz, Kate Winslet, Matt Damon, Natalie Portman, Tom Cruise, Brad Pitt, Orlando Bloom, Tom Hanks und Hugh Grant standen oder lagen oder sprangen hier vor den Kameras.

1912 gegründet, hat Babelsberg stets die technische Entwicklung des Films vorangetrieben, etwa beim Übergang vom Stumm- zum Tonfilm oder bei der Emanzipierung der Kamera vom Stativ. Als Fritz Lang 1926 in Babelsberg »Metropolis« drehte, wurde die mit 5.400 Quadratmetern seinerzeit größte Studiohalle der Welt errichtet – später nach Marlene Dietrich benannt. Wie das legendäre »Tonkreuz« ist auch die Halle noch immer vorhanden.

Around the World in 80 Days, 2003

Sonnenallee, 1998

Lilly the Witch, 2009

The International, 2007

Aircraft Interior Se...

Adresse August-Bebel-Straße 26–53, 14482 Potsdam | **ÖPNV** Bus 601, 618, 619, 690, Haltestelle Medienstadt Babelsberg | **Öffnungszeiten** Das Gelände ist frei zugänglich; die Studios sind es nicht. Eine Studiotour kann aber unter Tel. 0331/7212132 gebucht werden (zehn Tage Vorlauf sind einzuplanen) | **Tipp** Für die nächste Kostümparty hält der Babelsberger Kostümfundus sogar echte UFA-Filmoutfits bereit. Einmal ein Kleid aus einem Film mit der Dietrich tragen? Hier scheint nichts unmöglich zu sein.

12 Die Biosphäre

Aufatmen in der Unterwasserhöhle

Der Übergang ist schleichend: Eben noch vom Biosphärendschungel umfangen, dessen extreme Luftfeuchte jedes Kameraobjektiv mit Beschlag belegt, geht es durch die Mangrovenregion hinaus aufs offene Meer. Mangroven? Dunkle Erinnerungen an Erdkunde- und Biologieunterricht treiben vorbei. Hier kann man alles wieder heranholen und im Geiste verankern, was damals nicht hängen blieb. Die aus dem Wasser ragenden Stämmchen sind Luftwurzeln oder Schnorchel, welche die Mangrove dringend braucht, weil sie im Meeresboden ankert. Einzigartig ist auch ihre Fortpflanzung. Die Mangrovensämlinge keimen schon am Baum. Dann lassen sie sich fallen und schwimmen – schnittigen pfeilförmigen Booten gleich – aufs Geratewohl ins Meer hinaus. Es ist ihnen ganz einerlei, ob sie gleich um die Ecke oder erst ein paar Küsten weiter Luftwurzeln schlagen.

Nachrückende schieben den Lernbegierigen von den Dioramen, Schautafeln und Filmen weg, weiter in Kapitän Nemos Unterseeboot. Hier war ohne Frage ein Meister aus dem Studio Babelsberg am Werk. Hinter den Bullaugen leuchten Ausschnitte jener Zauberwelt, die man aus »20.000 Meilen unter dem Meer« kennt. Durch eine Öffnung in der Decke der Unterwasserhöhle dringt Tageslicht ein und projiziert das Wellenspiel malerisch auf Wände und Boden. Selbst die eigene Stimme wird an diesem Ort der Meditation zum Mysterium.

Doch die Dschungelwelt hat einen schon bald wieder. Im Schmetterlingsgarten kann man riesenhafte tropische Falter in abenteuerlichen Farben durch die schwüle Luft gaukeln oder sich an bereitstehenden Früchtetellern laben sehen. Plötzlich donnert's und blitzt's – wie jede Stunde hier beim Tropengewitter. Ein Tag im Potsdamer Regenwald verfliegt im Nu. Besonders in den brandenburgischen Wintern gibt es keinen schöneren Aufenthaltsort. Polit-Abrisspläne werden allerdings geschmiedet – das lasst mal bitte schön bleiben!

Adresse Georg-Hermann-Allee 99, 14469 Potsdam, www.biosphaere-potsdam.de | **ÖPNV** Tram 92, 96, Haltestelle Volkspark | **Öffnungszeiten** Mo–Fr 9–18 Uhr, Sa, So, Feiertage 10–19 Uhr, Einlass anderthalb Stunden vor Schließung | **Tipp** Ist man aus den Tropen zurück, sollte man noch eine Runde durch den Volkspark drehen (Eintritt 1 Euro), vielleicht einen Volleyball oder Tischtennisschläger ausleihen und sich wieder ans Potsdamer Klima gewöhnen.

13_Das Café Heider

Alles unter einer Decke

1952 gab Josef Stalin grünes Licht für den »Aufbau des Sozialismus«, nachdem seine Pläne für ein geeintes demokratisches Deutschland nicht zuletzt am Starrsinn der SED-Herren zerschellt waren. Die innerdeutsche Grenze wurde schon damals abgedichtet, grenznahe Dörfer entsiedelt und verwüstet. 1961 entstand die Berliner Mauer.

In der Zeit nach dem Mauerbau eröffnete Karl Heider sein »Café Heider« in den Räumen der ehemaligen Hofkonditorei Rabien am Nauener Tor. Hier fanden sich Westtouristen neben Ostpunks, Schachspieler neben Trinkern, Durchgeknallte neben Systemkritikern in einem bunten Stilmix aus Ost-Mobiliar, Wiener Kaffeehaustischen und Mokkastubenkitsch. Hier konnte man über alles frei sprechen und herziehen, nicht zuletzt über den verhassten Staat, der einen gefangen hielt. Es war weit mehr als eine Schwulenkneipe, als die es bei manchen galt. Es war ein Rettungsanker, eine Hoffnung. Allein die Tatsache, dass es nicht geschlossen wurde, hätte jeden stutzig machen müssen.

In dem Buch »Damals im Café Heider« von Martin Ahrends berichtet ein Stammgast: »Das Café Heider … war günstig gelegen zwischen Abrissviertel und Wohnungen von Künstlern und Bohemiens. … Es lässt sich gut reden, wenn man sich einig ist, wogegen.« Der wichtige Unterschied zu einem gewöhnlichen Wohnzimmer verbarg sich über der Decke. Bei seinen Recherchen erfuhr es Martin Ahrends von Karl Heider selbst. Die nur wenige hundert Meter entfernt residierende Staatssicherheit hatte ein Auffangnetz von Mikrofonen unterm Deckenstyropor installiert. Das »Heider« als »Sammlungs- und Konzentrierungspunkt negativ dekadent eingestellter intellektueller Kreise« (Stasi-Einschätzung) wurde bis zuletzt geduldet und angezapft. Wie viele wegen ihrer freimütigen Reden am Kaffeehaustisch ins Lindenhotel kamen, ist unbekannt. Einige Geschichten stehen in Ahrends' Buch.

Adresse Friedrich-Ebert-Straße 29, 14467 Potsdam | **ÖPNV** Tram 92, 96; Bus 603, 604, 609, 638, 639, 695, Haltestelle Nauener Tor | **Öffnungszeiten** Mo–Fr ab 8 Uhr, Sa ab 9 Uhr, So ab 10 Uhr | **Tipp** An die 30 verschiedene Käsetorten gibt's im Café Guam, Mittelstraße 38, 14467 Potsdam.

14___ Die Datscha

Besetztes Haus mit Havelblick

In der Selbstdarstellung von »la datscha« heißt sie »Bungalow der Herzen«, was schon das Wichtigste sagt. Es geht um das richtige Leben und um Beherztheit. Man kann kein Haus besetzen, wenn man sich nicht zuvor ein Herz gefasst hat. Das besetzte Wochenendhaus entstand 2008, als die »Villa Wildwuchs« – das Heim der Sozialarbeiter des Diakonischen Werks Potsdam e.V. – in ihrer alten Form nach 19 Jahren geschlossen worden war. Eigentlich wollten die Beherzten mit ihrer Besetzung des leeren Bungalows nur die sogenannte Öffentlichkeit an die anderen von Schließung bedrohten selbstverwalteten Projekte erinnern.

Doch aus der Sponti-Aktion wurde ein tolerierter Dauerzustand. Vielleicht war man in der Stadtverwaltung sogar ganz froh, sich erst einmal nicht weiter mit dem heruntergekommenen Bungalow beschäftigen zu müssen (bei dem man nicht weiß, ob es eine Autowerkstatt, ein Hangar oder eine Fabrikruine ist). Er liegt im Bermudadreieck zwischen Babelsbergpark, Havelufer und Langer Brücke.

Sechs Jahre sind nun schon ins Land gegangen, und viel Wasser ist an »la datscha« vorbeigeflossen, dem zurzeit einzigen »wirklich« besetzten Haus in Potsdam. Die Betreiber tun alles, um es offen zu halten für diejenigen, denen daran liegt, aus Potsdam kein Altersheim für Besserverdienende werden zu lassen. Der Umsonstladen, die betreute offene Fahrradwerkstatt »reudichRAD« und die verdienstvolle, allerdings bei sinkender allgemeiner Lust und Fähigkeit zum Kochen nun selbst vor der Schließung stehende »Volxküche« (das Ox-Kochbuch lässt grüßen) sind nur Lockvögel, um Menschen in »la datscha« zu holen, mit denen sich ein »CapiTalk« lohnt – typenoffen, generationsübergreifend, unkommerziell. Wer will, kann auch am kleinen Strand in die Havel springen oder auf dem Beachvolleyballfeld neben »la datscha« seine Schlagkraft erproben. Oder die Texte auf der riesigen Anschlagtafel lesen.

Adresse Am Babelsberger Park 15, 14482 Potsdam, ladatscha.blogsport.de | ÖPNV
Tram 93, 99, Haltestelle Holzmarktstraße; über die Brücke, Treppe zum Ufer, nach
rechts wenden und weitergehen, bis »la datscha« auftaucht | **Öffnungszeiten** Umsonst-
laden Di 18–21 Uhr, »Volxküche« Di ab 20 Uhr, »reudichRAD« Mi ab 16 Uhr,
offenes Beachvolleyballtraining So ab 16 Uhr | **Tipp** Vom kleinen Strand aus sieht man
Potsdams anderes Kulturufer am Schiffbauerdamm. Vorsicht: Kommerzielle Kunst und
profitorientierter Italiener in der Zichorienmühle: Kapitalistisch und
leider ausgezeichnet.

15__Das Deserteursdenkmal

Lieber desertieren als krepieren

Das Bonner Friedensplenum plante, den von den Nazis ermordeten Deserteuren auf dem Bonner Friedensplatz ein Denkmal zu setzen. Der türkische Bildhauer Mehmet Aksoy schuf eine zweiteilige Skulptur aus weißem Carraramarmor, in der man den Negativabdruck eines Menschen erkennt. Die Aufstellung scheiterte am Widerspruch des Bonner Stadtparlamentes. Zu Wehrpflichtzeiten waren Deserteure noch immer Hochverräter. Man durfte das Denkmal nur für eine Stunde auf dem Rücken eines Tiefladers enthüllen, bevor es in der Versenkung verschwand.

Als 1999 der Deutsche Bundestag die Deserteure des Zweiten Weltkrieges rehabilitierte, setzte sich der »Freundeskreis Wehrdiensttotalverweigerer« in Potsdam dafür ein, das Denkmal am Platz der Einheit aufzustellen, wo es jetzt dem totalitären SED-Mahnmal für die Opfer von Faschismus und Gewalt demokratische Gesellschaft leistet. Das Unglaubliche wurde Ereignis – jetzt steht das Denkmal in der Paradestadt des deutschen Militarismus. Friedrich der Große hatte Deserteure hier beim Spießrutenlaufen von ihren gezwungenen Kameraden mit Weidenruten zu Krüppeln oder zu Tode peitschen lassen. Der ehemalige Gefreite Hitler hatte hier dem greisen Feldmarschall Hindenburg die Hand geschüttelt und bald darauf gesagt: »Der Soldat kann sterben, der Deserteur muss sterben!«

Es kam, wie es kommen musste – das umstrittene Denkmal wurde besprüht und durch ein mutwillig entfachtes Feuer total verrußt. Doch was ein richtiges politisches Monument sein will, muss das aushalten. Heute scheint es nur noch den strengen Winterfrost fürchten zu müssen, weshalb man es einige Monate im Jahr unter einem Kasten versteckt. Darin ein politisches Kalkül zu wittern, fiele aber nicht mal Kurt Tucholsky ein, von dem die Inschrift stammt: »Hier lebte ein Mann, der sich geweigert hat, auf seine Mitmenschen zu schießen. Ehre seinem Andenken!«

Adresse Platz der Einheit, 14467 Potsdam | **ÖPNV** Tram 93, 99, Haltestelle Platz der Einheit/Bildungsforum | **Tipp** Den Ort der einstigen Synagoge markiert eine Tafel am Haus neben der alten »Neuen Post«, Am Kanal 16–18.

16 Der Discgolf-Club

Aug in Aug mit dem DisCatcher

Eine der schönsten und beliebtesten Parkanlagen der Stadt ist der Volkspark Potsdam. Wie die Einheimischen ihn mögen, zeigt sich vor allem daran, dass niemand überhaupt nur daran denkt, den einen Euro Eintritt zu sparen. Ihn einzufordern wäre bei den Preußenparks noch undenkbar.

Der Park geht auf eine Bundesgartenschau zurück, deren Parkrelikte es ja bekanntlich nicht immer schaffen, dauerhaft zu existieren. Neben der Biosphäre wurden nachträglich verschiedene publikumswirksame Attraktionen hinzugefügt. Eine davon ist der Discgolf-Parcours mit insgesamt 14 Bahnen im nördlichen Bereich des Parks, einem der attraktivsten Parcours von heute knapp 60 in Deutschland. Die Idee kam von Philipp Stadler, der während seiner Studentenzeit in Potsdam 2005 mit der Planung und Umsetzung begann. Seither ist er als Apostel des Discgolf-Sports unterwegs. 2010 war er der erste Potsdamer Discgolfer bei einer Discgolf-Europameisterschaft.

Übertragen vom herkömmlichen Golfen, muss eine Frisbeescheibe mit möglichst wenigen Würfen in einen Korb gebracht werden. Die Abwurfpunkte heißen »Tees«, an den Fangkörben steht ein »DisCatcher«, was besonders für DDR-Sozialisierte einen witzigen Beiklang hat. »Dispatcher« war ein englisches Lehnwort in Russland, das nach 1945 in die ostdeutschen Betriebe kam. Es bezeichnete einen innerbetrieblichen logistischen Koordinator, zum Beispiel beim Transport und in der Herstellung.

Der Parcours ist uneingezäunter Bestandteil des Volksparks. Hier darf jeder mit dem Plaste-Ufo dem anderen die Toupets von der Glatze fegen. Scherz beiseite: Haltet die Regeln ein! Schilder geben darüber Auskunft, was geht und was nicht. Auf der Homepage des Hyzernauts e.V. steht mehr zur Spielidee und zum Potsdamer Parcours. Die nötigen Spezialdiscs (etwas kleiner als die normalen Frisbees) gibt's in vielen Farben leihweise am Haupteingang.

Adresse Georg-Hermann-Allee 99, 14469 Potsdam | **ÖPNV** Tram 92, 96, Haltestelle Volkspark | **Öffnungszeiten** Der Park ist täglich von 5–23 Uhr über 18 Eingänge zugänglich. | **Tipp** Zum privaten Nächtigen und für Veranstaltungen kann man echte kirgisische Jurten mieten: www.nomadenland.de, Tel. 0176/30005151 oder 0331/2908631.

17 Die Doppelkopfbüste

Willst du, Mascha ...

Da schauen einen zwei ernste, sauber vom Rumpf getrennte Köpfe an. Für eine Büste ist das eher ungewöhnlich. Um zu verstehen, warum sie da auf ihrem steinernen Richtklotz stehen, vor allem an dieser doch eher versteckten Stelle, muss man weiter ausholen. Es dürfte etwas mit Wissenschaft und Technik zu tun haben, das ist klar. Am Schild nebendran steht natürlich einiges zum Areal am Helmertturm, der wenige Meter hinter den beiden Bronzen im Gestrüpp verfällt. Auch die Schrift am Sockel deutet es an: Es ist eine Kosmonautendoppelkopfbüste! Die angedeuteten Halskrausen sind die Dichtungen der Helme.

Mit Sputnik 1 hatte die Sowjetunion 1957 den ersten unbemannten Satelliten in die Erdumlaufbahn geschossen, Juri Gagarin war 1961 der erste Mensch, der die Erde im All umkreiste. 1966 landete mit Luna 9 die erste unbemannte sowjetische Mondsonde. Die erste bemannte Umrundung des Mondes und die erste Landung auf dem Mond gelangen allerdings den USA.

Die Sowjetunion verlegte sich auf Raumstationen und band im Rahmen des Interkosmos-Programms nichtsowjetische Technik in ihre Saljuts ein. Die DDR steuerte Geräte, Experimente und einen Gastkosmonauten bei. Und da sind wir wieder bei den Köpfen: 1978 flog mit Sojus 31 an der Seite von Wostok-Veteran Waleri Fjodorowitsch Bykowski (linker Kopf) der Diplom-Militärwissenschaftler Sigmund Jähn (rechter Kopf) zur Saljut 6 EO-2, in der sie Wladimir Kowaljonok und Alexander Iwantschenkow begrüßten.

Eigens für diese Mission war Sigi Jähn mit einem Weltraumsandmann präpariert worden, den er während der Liveübertragung aus dem Kosmos am 29. August 1978 hervorholte. Aber, oh Wunder: Waleri Bykowski war auch nicht ohne. Er präsentierte eine Puppe namens Mascha, und weil sich Sandmann und Mascha so gut verstanden, wurde zwischen ihnen eine »kosmische Hochzeit« geschlossen – der Gipfel der deutsch-sowjetischen Freundschaft.

Adresse Telegrafenberg, 14473 Potsdam | **ÖPNV** Bus 691, Haltestelle Telegrafenberg; anschließend circa 10-minütiger Fußweg | **Öffnungszeiten** Mo–So tagsüber von 8 Uhr bis zur Dämmerung; an der Pforte muss jeder vorbei und sein Interesse am Rundgang kundgeben | **Tipp** Das Gelände des Telegrafenberges steckt voller Überraschungen. Am geheimnisvollsten ist das Paläomagnetische Labor, ein Gebäude, das gänzlich ohne Metall und magnetische Baumaterialien gebaut wurde.

GEMEINSAM AUF DER ERDE UND IM ALL

18__Die Düsteren Teiche

Wo sich Kröte und Molch Gute Nacht sagen

Der Mensch erschien im Känozoischen Eiszeitalter. Es dauert immer noch an. In jedem Eiszeitalter gibt es Warm- und Kaltzeiten. Die aktuelle Warmzeit heißt Holozän. Sie begann vor etwa zehn Jahrtausenden, und wann sie endet, weiß keiner. Was aber bekannt ist: Die moorige Stelle im Potsdamer Katharinenholz, zwischen Pannenberg und Großem Herzberg, geht auf die letzte Kaltzeit vor dem Holozän zurück – die im Brandenburger Gebiet Weichselkaltzeit genannt wurde.

Das Schmelzwasser des schwindenden Weichselglazials floss damals in zahlreichen Rinnen nach Südwesten ab und formte das Gelände der heutigen »Düsteren Teiche«. Die eiszeitliche Schmelzwasserrinne ist seit 1998 Teil des Landschaftsschutzgebietes »Potsdamer Wald- und Havelseengebiet«.

Im 17. Jahrhundert waren die beiden Düsteren Teiche noch Fischteiche. Um 1800 hatte sie ein königlicher »Hasenheger« namens Lindstedt gepachtet. Sein Gutshof wurde zur baulichen Urzelle des 1860 fertiggestellten Schlosses Lindstedt. Die Düsteren Teiche verschlammten bis fast zur Verlandung. Aber genau das gefällt der Erdkröte – einem Gemisch verschiedener einander ähnelnder Krötenarten, das man unter Fachleuten heute nur noch den Bufo-bufo-Komplex (BBK) nennt. Am Haupt- und Massenlaichplatz des BBKs bevölkern im Frühjahr bis zu 3.000 Lurche die flachen Teichufer des kleineren Düsteren Teiches.

Beide Teiche sind Tierparadiese, in denen seltene Vögel wie Grauschnäpper, Mittelspecht, Eisvogel, Hohltaube, Sperber, Habicht, Neuntöter und Zwergtaucher gesehen wurden. Neben dem Bufo-bufo-Komplex kommen auch Teich-, Moor- und Grasfrosch sowie die Knoblauchkröte vor. Waldeidechsen und Ringelnattern sind ansässig, sogar Fische: Schleien und Karauschen.

Wenn man nicht gerade zur Laichzeit auf der Uferbank am oberen Kleinen Düsteren Teich sitzt, dann ist es dort sehr still. Ein Platz, an dem man so gar nicht auf düstere Gedanken kommt.

Adresse Kleiner Düsterer Teich, 14469 Potsdam | **ÖPNV** Bus 638, 639, 695, Halte-stelle Lindstedter Chaussee | **Tipp** Das Krongut Bornstedt ist nur eine kleine Quer-wanderung nach Osten entfernt: www.krongut-bornstedt.de. In der Ribbeckstraße 6 schlägt das Herz aller Ökos höher. Gutes muss nicht teuer sein.

19__Die echte Ruine

Hieraus steht nichts wieder auf

In Potsdam hatten die Ruinenliebhaber schon immer das Nachsehen. Der Ruinenberg? Künstlich! Keine Burgruine, keine Klosterruine, nicht mal ein verfallener Midastempel zeigte sich. Jetzt hat sich aber doch eine echte Ruine gefunden. Auf dem Pannenberg steht sie und gibt dem Betrachter Rätsel auf. Ein Loch in der eisernen Tür gestattet den Blick ins Innere, wo rostige Drehregler und eine Treppe zu einem Durchgang zu sehen sind. Dahinter liegt ein düsteres Bassin.

Es ist der einstige Hochbehälter »Pannenberg«, wohl noch aus der Zeit der ersten, seit 1876 betriebenen Wasserversorgung. Früher hatten sich die Potsdamer aus 300 Straßen-»Plumpen« (= Pumpen) und ungezählten privaten Brunnen versorgt. Auch der erste echte Wasserunternehmer, Frank Karuth aus dem englischen Isleworth, hatte mit seinem Rohrsystem, einem Hochbehälter auf dem Pfingstberg, Grobfilteranlagen und Pumpwerk keinen rechten Erfolg. Die »Consumenten« hatten Angst vor der braunen Brühe, die aus den Leitungen kam – auch wenn amtliche Gutachten bloß unschädliche Eisen- und Manganverbindungen attestierten.

Die Stadt kaufte 1890 das ganze 47,3 Kilometer lange private Rohrnetz und korrigierte 1898 mit einer neuen Enteisenungsanlage aus Koksrieslerbelüftern und Langsamfiltern das trübe Erscheinungsbild. Erst von da an war das »Leitungswasser« gefragt. 1943, als auch die drei bis dahin existenten Wasserwerke nicht mehr genügten, kaufte die Stadt die Kreiswasserwerke Nedlitz und Gallin hinzu. Nach Kriegsende war insbesondere das Wasserwerk Nedlitz wegen der nahen russischen Garnison hoffnungslos überlastet und wurde durch einen 1952 in Betrieb genommenen Neubau ersetzt. Das war zugleich das Ende des kleinen (nur 400 Kubikmeter fassenden) Hochbehälters »Pannenberg«. Irgendwann dann nahm er seine selbstbestimmte Ruheständlertätigkeit als Fledermausquartier auf. Möge er noch lange stehen bleiben.

Adresse Pannenberg, 14469 Potsdam | **ÖPNV** Bus 638, 639, 695, Haltestelle Lindstedter Chaussee | **Öffnungszeiten** frei zugänglich im Wald, Loch in der Tür zum Reinschauen | **Tipp** Das Gegenteil der ruinösen Auflösung erwartet den Gast am Haus des früheren Staudengärtners Karl Foerster, Am Raubfang 6 in Potsdam-Bornim, Tel. 0331/520294. Hier kann nicht nur eine Idealförsterstauden-anlage bestaunt, sondern auch die Einzelstaude gekauft werden.

20_ Die Einsteinausstellung

Vergiss die Welt, komm nach Caputh …

Einst wollte die Metropole Berlin Albert Einstein – dem Expräsidenten der Deutschen Physikalischen Gesellschaft (1916–1918), Hobbysegler und Entwickler der Allgemeinen Relativitätstheorie (1919), Nobelpreisträger (1922) und Grundsteinleger der Hebräischen Universität in Jerusalem (1923), wohnhaft Schöneberg, Haberlandstraße 5 – ein Grundstück am Schwielowsee in Caputh schenken. Doch wie üblich, wenn Berliner sich was Tolles ausdenken, streiten sie sich zu Tode darüber, wie es denn nun ablaufen soll. Einstein wurde schon vom Zusehen und Zuhören schlecht. Er war eben ein Genie und sehr ungeduldig.

So kaufte er sich sein Seegrundstück lieber selbst, damit er es noch lebend nutzen konnte, und gab eine Zeitungsannonce auf. Sinngemäß: Einstein will Holzhaus. Der junge Architekt Konrad Wachsmann witterte seine große Chance und nutzte sie meisterhaft, als er den Auftrag tatsächlich bekam. Wachsmanns Bau ist ein Kristall aus Holz, spartanisch, zweckmäßig und dennoch luftig, weiträumig, mondän. Natürlich spielt bei der Gesamtwirkung auch die einmalige Lage über dem See eine Rolle.

Heute gehört das 1929 erbaute Sommerhaus, das Einstein nur drei Sommer bewohnte (1930–1932), der Hebräischen Uni, die im Potsdamer »Einstein-Forum« den würdigen heutigen Hausverwalter fand. Doch Einstein wollte kein Museum nach seinem Tod. Daher sieht man auch in seinem Sommerhaus bloß die kahlen Wände. Das fanden die Caputher denn doch etwas mager und gründeten den Initiativkreis Albert-Einstein-Haus Caputh e.V. Die wunderbare Ausstellung im Bürgerhaus, die der Verein schuf, kämpft ein bisschen mit der tragischen Unterbringung: Zwei Treppen sind vielen zu viel … Wer es aber schafft oder jemanden findet, der ihn hochträgt, der erfährt hier alles über Einstein, seine Theorien, über sein Sommerhaus und dessen Architekten Konrad Wachsmann. Chapeau!

am 22. Juni 1996

Adresse Straße der Einheit 3, 14548 Schwielowsee-Caputh | **ÖPNV** Bus 607, Haltestelle Caputh Schule | **Öffnungszeiten** April–Okt. Di–So, Feiertage 11–17 Uhr; Nov.–März Sa, So, Feiertage 11–17 Uhr | **Tipp** Das seit den Siebzigern betriebene Heimathaus gibt Einblicke in die Caputher Geschichte. Man kann sich dort Wechselausstellungen ansehen und von Ostern bis September am Wochenende auch Caputher Kuchenspezialitäten probieren.

21_Die Eleonore-Säule

Kämpfen um jeden Preis

Es ist der Stoff, aus dem die Heldinnen sind: Eine junge Frau, erbittert im Hass auf die Franzosen, die ihren Vater im ersten Interventionskrieg zum Krüppel gemacht haben, wird zur Freischärlerin. Im September 1813 schrieb die 28-jährige Eleonore Prochaska ihrem Bruder:»Ich bin seit vier Wochen schon Soldat! Erstaune nicht … denn sieh' nur Spanien und Tirol, wie da die Weiber und Mädchen handelten! Ich verkaufte also mein Zeug, um mir erst eine anständige Männerkleidung zu kaufen … dann … eine Büchse für acht Thaler, Hirschfänger und Tschako zusammen dreieinhalb Thaler. Nun ging ich unter die Schwarzen Jäger; meiner Klugheit kannst Du zutrauen, daß ich unerkannt bleibe.«

Im Lützow'schen Freikorps hieß sie»August Renz« und fiel nur durch ihre Kochkünste aus der Rolle. Joseph von Eichendorff und Theodor Körner waren ihre Kameraden. Auch der kampflustige Turnvater Jahn spuckte am Lagerfeuer große Töne. Die Aufgabe des Korps im Herbst 1813 bestand darin, Marschall Davoust am Vordringen von Hamburg nach Magdeburg und Berlin zu hindern.

Bei Dannenberg an der Göhrde traf man auf den Gegner.»August Renz« wurde beim Versuch, einen Verwundeten zu bergen, selbst verwundet und starb, als Frau geoutet, nach vier qualvollen Wochen im Lazarett. Sie wurde durch zahlreiche, teils frei erfundene Berichte und Erzählungen zur Märtyrerin des Befreiungskampfes. Ludwig van Beethoven schrieb einen Trauermarsch für sie (in: Sonate Nr. 12, Op. 26). 1889 wurde ihr auf dem Alten Friedhof in Potsdam eine Denksäule errichtet.

Die Gründe für die Leonorenverehrung der DDR sind schwammig. In der Festschrift»1.000 Jahre Potsdam« steht bloß:»Ihr Leben und Kampf gehören zu den unverzichtbaren fortschrittlichen Traditionen des heutigen sozialistischen Potsdam.« Man hätte schon damals vielen Menschen an Schaltstellen der Macht verbieten sollen, etwas mit Sprache zu machen.

ELEONORE PROCHASKA

Adresse Heinrich-Mann-Allee 106, 14473 Potsdam | **ÖPNV** Tram 91, 92, 93, 96, 98, 99, Haltestelle Friedhöfe | **Tipp** Eine Tram-Haltestelle weiter die Heinrich-Mann-Allee hinunter, neben dem Tennisclub Rot-Weiß, schlummert das einstige Verkehrskombinat in seiner eigenen Ruine; die alten Gleise zu den Lokschuppen liegen zum Teil noch im Pflaster.

22 Die Entenfängerei

Alle meine Entchen

Es gab eine große Affinität zwischen den Hohenzollern und den Enten. Die Hohenzollern nahmen jede Ente, die sie kriegen konnten, und stopften sie munter in sich hinein. Nun konnten aber die Enten gar nicht schnell genug großgezogen werden, um die Hohenzollern zu sättigen. Auch schmeckte die Wildente a) besser und machte b) an der Tafel mehr her. Wild mochten Fürsten schon immer. Daher verboten sie auch den anderen die Jagd in ihren Revieren. Und ihr Revier war allüberall.

Die mit Schrot gejagte Ente hatte aber auch so ihre Tücken. Da fehlte schnell mal der Fürstin ein Zahn, dem Fürsten auch nicht selten zwei. Hier sann man schon früh auf Abhilfe. Der Große Kurfürst, dessen Entenhunger so gewaltig war, dass 100 Jäger ihn nicht zufriedenstellen konnten, der aber zugleich das ewige Geknirsche im Mund satthatte, ließ 1694 in mooriger Niederung bei Geltow, wo durchziehende Wildenten zu Hunderttausenden rasteten, einen Entenfangteich anlegen.

120 mal 120 Meter maß er, beziehungsweise 60 mal 60 Lachter (denn Meter kamen erst später). Die Anlage bestand aus einem hohen Wall um die Wasserfläche, in dem vier sich verjüngende Kanäle zu den Fangkörben führten. Wenn vorbeiziehende Enten wasserten, und Enten liebten es, auf Wasser zu starten und zu landen, vernahmen sie die süßen Flötentöne dressierter Lockenten am Ende der Fangkanäle. Zielsicher steuerten sie auf diese zu und saßen in der Falle. Abends wurden sie vom Entenfänger »gekringelt«. Hierzu machte er einen Kringel mit dem Kopf der Ente. Genauer gesagt: Er drehte ihr den Hals um.

Im letzten Fangjahr 1713/14 wurden am Kleinen Entenfang rund 2.000 Enten gekringelt. Das war dem Hohenzollern aber zu wenig. Da wurde er ja nicht satt. So wurde der Große Entenfangsee angelegt, wo man noch heute, auf den wenigen Wasserpfützen, die letzten Enten beobachten kann, die nach dem Ende der Monarchie noch übrig sind.

Adresse Fuchsweg 12, 14548 Schwielowsee | **ÖPNV** Bus 610, Haltestelle Wildpark-West, Fuchsweg | **Öffnungszeiten** frei zugänglich im Wald, jedoch eingezäunt | **Tipp** Das Gebäude am Weg kurz vorm Flächendenkmal der Entenfängerei war der Wohnsitz des letzten Entenfängers. Früher zeigte es sich mit Turm, der es eindeutig als Persiusbau kenntlich machte. Ohne ihn ist es aber noch ein halber.

23 Die Enver-Pascha-Brücke

Zu Ehren eines Völkermörders

1901 wurde die Schloss- oder Babelsberger Brücke eingeweiht. Ihre Umbenennung in Enver-Pascha-Brücke war eine Folge der sich intensivierenden Beziehungen zwischen Berlin und Konstantinopel. Der junge Kaiser Wilhelm II. hatte sich 1889 bei seiner Orientreise mit Sultan Abdulhamid II. angefreundet und offene Ohren für seine Hilfsangebote gefunden. Das Türkische Reich erhielt Geld, Güter, Waffen, Drill sowie wissenschaftlich-technisches Know-how.

Als die Jungtürken das alte Osmanenreich umkrempelten und 1909 Sultan Abdulhamid II. entthronten, begann der Aufstieg des Eisenbahnersohnes Ismail Enver, der als Hauptmann (Bey) für ein Militärbündnis mit dem Deutschen Reich eintrat. Enver war von 1909 bis 1911 türkischer Militärattaché in Berlin und stieg zu Beginn des Ersten Balkankrieges zum Oberbefehlshaber der türkischen Streitkräfte auf. Durch die Rückeroberung von Adrianopel am Ende des Zweiten Balkankrieges wurde er Kriegsheld und Generaloberst, später Kriegsminister des Osmanischen Reiches.

Die Enver-Pascha-Brücke wurde 1945 von der Wehrmacht beim Rückzug vor der Roten Armee zerstört und später nur notdürftig als Brücke für Versorgungsleitungen nach Klein-Glienicke hergerichtet. Jetzt plant man ihren Wiederaufbau. Abgesehen davon, dass dies verkehrstechnisch ein Ende der Ruhe am Griebnitzsee bedeuten würde, muss man sich fragen, was für eine symbolische politische Bedeutung dieser an sich so schöne, multikulturell anmutende Brückenname hat.

Mit Innenminister Talât und Marineminister Cemal – beide wie Enver mit dem Ehrentitel »Pascha« hinter dem Familiennamen bedacht – hat Enver Pascha den Völkermord an den Armeniern zu verantworten. Als die Jungliberalen 1918 in der Türkei an die Macht kamen, flohen Enver, Talât und Cemal außer Landes. Enver und Cemal wohnten eine Zeit lang im Haus des Orientforschers Friedrich Sarre in der Villa mit dem Löwenfries, Spitzweggasse 6.

Adresse Wasserstraße, 14482 Potsdam | **ÖPNV** Bus 694, Haltestelle Schloss Babelsberg | **Tipp** Im Lepsiushaus, Große Weinmeisterstraße 45, kann eine ständige Ausstellung zum Schicksal der Armenier besichtigt werden. Anmeldung unter Tel. 0331/58164511.

24_ Die erste Eisenbahn

Prussia, roll on!

Als beim legendären Rennen von Rainhill 1829 Robert Stephensons »Rocket« bewies, dass eine Dampfeisenbahn technisch möglich ist, beschlossen Justizkommissar Robert und Bankier Arons in Berlin sofort, in Preußen Eisenbahnen zu bauen. Widerstände seitens des staatlichen Postkutschenbetreibers waren zu überwinden, und auch der störrische König Friedrich Wilhelm III. musste überzeugt werden. Anfangs murrte er: »Kann mir keine besondere Glückseligkeit dabei vorstellen, ob man eine Stunde früher in Potsdam ankommt oder nicht!«

Am 26. Februar 1836 fand die erste Hauptversammlung der »Berlin-Potsdamer Eisenbahngesellschaft« statt, und nach der endlich erwirkten Genehmigung begannen die Erdarbeiten für die eingleisige Strecke zwischen dem Potsdamer Tor in Berlin und dem Amtsvorwerk vor der Langen Brücke in Potsdam.

Natürlich kaufte man die ersten beiden Lokomotiven bei Stephenson & Comp. in Newcastle upon Tyne. Später ließ man August Borsig weitere günstig nachbauen. Am 14. September 1838 wurde das Teilstück von Potsdam bis Zehlendorf eröffnet. Tausende standen an der Trasse und jubelten den mit Blumengirlanden und Fahnen geschmückten »Dampfwagen« zu, die von Potsdam losfuhren. Was schrieb die Vossische Zeitung? Die Fahrt »begann in langsamem Tempo, wuchs aber mit jeder Sekunde, bis sie jene rapide Schnelligkeit erreicht hatte, wodurch die Eisenbahnen ihren so glänzenden Sieg über alle sonstigen Mittel des Fortkommens erfechten«.

Die Stammbahn der preußischen Eisenbahnen war noch bis 1946 in Betrieb. Danach erfolgte ein grenzbedingter Rückbau aus westlicher Richtung, erst bis Düppel, dann bis Zehlendorf. An der alten, 1926 umgebauten Eisenbahnbrücke, die in der Machnower Straße jetzt ohne Eisenbahn dasteht (man folge vom Königsweg dem Hinweis »Albrechts Teerofen«), ist noch ein letzter Original-»Jahrstein« der ersten preußischen Eisenbahn von 1838 zu sehen.

1838

Dieser Jahresstein entstammt dem gewölbten Bauwerk für die erste preußische Eisenbahnlinie das i.J 1926 umgebaut wurde

Adresse Machnower Straße, 14109 Berlin-Wannsee | **ÖPNV** Bus 118, Haltestelle Kätchenweg | **Tipp** Im Berliner S-Bahn-Museum neben dem nahe gelegenen Potsdamer S-Bahnhof Griebnitzsee dürfen die Besucher alle ausgestellten Geräte bedienen. Es ist (da ehrenamtlich betrieben) nur jeweils zwei Tage im Monat geöffnet; Rudolf-Breitscheid-Straße 203, 14482 Potsdam, Tel. 030/63497076, www.s-bahn-museum.de.

25 Der Falkenhof

Gefiederte Sturzkampfbomber

Der Verein Wald-Jagd-Naturerlebnis versteht sich als Umwelt-bildungseinrichtung. Im Haupthaus des Vereins, der Waldschule »Waldhaus« auf dem Großen Ravensberg, zwischen Teufelssee und Hochmoor Moosfenn gelegen, können Wandergruppen, Kinder und Schulklassen vieles über die einheimische Tierwelt, über die Flora und das naturnahe Leben im Wald lernen.

Der Falkenhof dagegen, etwas nordöstlich am Kleinen Ravens-berg, ist eine Erlebnisfalknerei für Jung und Alt. Hier kann man Pavillons für Kindergeburtstage oder Vereinsfeierlichkeiten mieten und sich nebenbei schöne Greifvögel im Freiflug ansehen und in täglichen Flugshows beim Herabstoßen auf Beuteattrappen erleben.

Natürlich hat Betreiberin Ilka Simm-Schönholz einen Jagdschein und ihre Passion – die Beizjagd – von der Kralle auf gelernt. Wenn sie etwa den Saker-Gerfalken Skiure auf dem Handschuh hält, ist der Greif zahmer und ruhiger als manch ein Wellensittich. Hier erfährt man alles über die Falknerei und die Jagd mit dem gefiederten Gefährten. Ein kleiner Streichelzoo (ohne Greife …) und viele Volieren erlauben es, Tiere aus der Nähe zu sehen, die man sonst nur von Abbildungen kennt.

Ein zusätzlicher Reiz für Potsdamfreunde ist die Tatsache, dass das Gelände des Falkenhofs zu DDR-Zeiten der Sitz des Deutschen Wetterdienstes war. Der hohe, alles dominierende rote Klinkerbau wurde zum kleinen Hotel umgebaut. Hier bekommt man Gästezimmer mit einmaliger, garantiert unverbaubarer Fernsicht. Aus einer der kleinen Messstationen wurde ein täuschend echter mittelalterlicher Burgturm. Heute sind Waldhaus und Falkenhof begehrte Ausbildungsbetriebe für jeden, der einen zoologischen und tierpflegerischen Beruf anstrebt. Der im Oktober 1999 gegründete Verein hat aus der wenig ansprechenden Wetterwarte ein Kleinod gemacht, das allein 2013 stattliche 17.932 Besucher zählte. Ein Drittel davon waren Erwachsene.

Adresse Ravensberggestell 2, 14478 Potsdam | **ÖPNV** Tram 91, 93, Haltestelle Zum Kahleberg; erst zum Kahleberg weitergehen (Zum Kahleberg), rechts abbiegen (Zum Jagenstein), dann links ab auf den Ravensberggestell, circa 15-minütige »Berg«-Wanderung | **Öffnungszeiten** Mi–Sa 14–16.30 Uhr, So, Feiertage 10–16.30 Uhr oder nach Vereinbarung unter Tel. 0331/2707687 oder 0179/6969455 | **Tipp** Der künstliche Kletterfelsen am Kahleberg ist Potsdams Alpin-Kletter-Highlight. Es gibt auch zwei kleinere Boulder-Blöcke; www.dav-potsdam.de.

26___Der Fischerhof

Hier würden auch Reiher kaufen

Er ist einfach zu erreichen. Man muss sich nur zur alten Stadtmauer in der Großen Fischerstraße durchfragen. Die liegt unweit der Heiliggeistkirchenattrappe direkt an der Havel. Auch wenn die Mauer ziemlich lang ist, findet man das Schlupfloch und die Hinweistafel mit den Öffnungszeiten leicht.

Der Eindruck ist einladend. Hier wird wirklich gefischt, das sieht jeder gleich. Überall hängen, stehen und liegen die zunfttypischen Gerätschaften: Reusen, Stellnetze, Sehnen, Boote. Fast zu schön, um wahr zu sein – ein Fischreiher stelzt über den Havelsteg und äugt zu den Stören, die dort in einem Netz gehältert werden. In einem kühlen Verkaufsraum kann man Fisch kaufen – zum gleich Essen oder zum Mitnehmen. Beim Genuss – etwa eines fangfrischen Aalbrötchens –, draußen, am Havelufer auf einer Bierbank, lauscht man den Touristenführern auf den vorbeifahrenden Schiffen.

Mario Weber schloss seine Ausbildung 1979 beim VEB Binnenfischerei in Werder mit dem Facharbeiterdiplom ab. 18 Lehrlinge gab es damals. Von 1982 bis zu ihrer Auflösung am 31. Dezember 1990 fischte er in der Fischereigenossenschaft. Gefragt, ob er den Betrieb übernehmen wolle, sagte er Ja und betrieb den eigenen Fischerhof bis 2005 mit einem Kompagnon. Seither arbeitet er allein. Mario Weber macht einen zufriedenen Eindruck. Sein Handwerk ernährt ihn, auch ohne viel Werbung, und er liebt es. Wenn man ihn fragt, ob er der letzte Potsdamer Fischer sei, stellt er sofort richtig: »Der einzige, aber hoffentlich nicht der letzte!« Er wünscht sich, dass das Fischereihandwerk in Potsdam nicht ausstirbt, und engagiert sich auch im eigenen Interesse für den Schutz von Aal, Zander, Wels, Hecht, Karpfen, Barsch und Stör. Plötzlich springt er auf und kann dem frechen Graureiher gerade noch einen Aal aus dem Schnabel reißen. Der weiß nicht, wie teuer heute Aal ist.

Adresse Große Fischerstraße 12, 14467 Potsdam | ÖPNV Tram 93, 99, Haltestelle Burgstraße/Klinikum | Öffnungszeiten Di–Do 12–16 Uhr, Fr 11–17 Uhr, Sa 10–13 Uhr und nach Vereinbarung unter Tel. 0331/291848 | Tipp In Brandenburg darf jeder Friedfische fangen, wenn er – etwa im Fischerhof – eine Angelkarte erwirbt und sich an die Regeln hält.

27 Die Fluchtbrücke

Augen zu und durch

1660 und 1777 wurde sie aus Holz errichtet, 1831 aus Stein gebaut, 1907 aus Stahl. Die kaiserliche Stahlbrücke steht noch heute. Kurz war sie zerstört, weil im Zuge des Rückzugs der Wehrmacht eine von zwei angebrachten Sprengladungen hochging. Die Alliierten veranlassten 1949 eine Instandsetzung für den Ost-West-Dienstweg.

Nach 1961 war die »Brücke der Einheit« nur in Ausnahmefällen für Zivilpersonen und Diplomaten passierbar sowie dreimal für »getauschte« Spitzel: 1962, 1985 und 1986. Noch kurz vor der politischen Wende wurde die Brücke 1988 zum Ort der spektakulärsten Flucht: Im Untersuchungsbericht des MfS hieß es:

»Um 1.58 Uhr näherte sich ein Lkw Typ W 50 mit hoher Geschwindigkeit der Glienicker Brücke, täuschte zunächst durch Betätigung der Blinkanlage ein Abbiegen vor der Brücke nach links vor, fuhr jedoch geradeaus weiter und durchbrach in der Folge alle vier auf der Glienicker Brücke befindlichen Sperrelemente in der angegebenen Reihenfolge: erstens das Passagentor, zweitens den Sperrschwenkbaum, drittens den verkehrsregulierenden Schlagbaum und viertens das mechanische Tor. Durch umherfliegende Betonbruchstücke und eine Kohlensäureflasche, welche sich auf dem Lkw befand, wurde ein Dienstgebäude der GSSD an Türen und Fenstern beschädigt. Die Realisierung der Straftat wurde begünstigt, weil der Sperrschwenkbaum vom Typ Salzwedel in Bezug auf die Verankerung des Widerlagers im Betonsockel nicht dem vorausgesetzten Sicherheitswert entsprach.«

Eine in den Boden eingelassene Schiene mit dem Schriftzug »Deutsche Teilung bis 1989« des Bürgerrechtlers und Künstlers Bob Bahra erinnert an den profanen weißen Trennstrich, der von 1961 bis zur Wende an der Grenze aufgepinselt war. Wenn man seitlich an der Brücke entlangschaut, sieht man noch die unterschiedlichen Ost- und West-Grüntöne des letzten Brückenanstrichs aus den Achtzigern.

Adresse Berliner Straße 86, 14467 Potsdam | **ÖPNV** Tram 93, Bus 316, Haltestelle Glienicker Brücke | **Tipp** Kurz vor der Brücke auf Potsdamer Seite steht die Nike von Wieland Förster – sie hat angebrannte Flügel als Symbol ungebrochenen Freiheitswillens. Försters Werke galten in der DDR zeitweilig als systemfeindlich.

28__Die Fontäne

Wer hat das befohlen?

40 Meter hoch steigt des Springquells flüssige Säule in der Glienicker Lake unterhalb des Babelsberger Schlosses – dann fällt sie melodiös hinab. Immer möchte man diesem klaren, frischen Schießen und Rauschen zuhören und dabei den Blick zur Glienicker Brücke und zur Großen Neugierde nebendran schweifen lassen.

Mit der feierlichen Eröffnung der Fontänen am 25. Mai 1845 war die erste Ausbaustufe der Bewässerungsanlagen des Babelsbergparks abgeschlossen. Wie auch für die Parkbewässerung des Sanssouciparks hatte Friedrich Wilhelm IV. ein Dampfpumpwerk in Gestalt einer Moschee bauen lassen. Damit war endlich Wasser in den Parks. Friedrich der Große hatte mit seinen Fontänen lebenslang gehadert. Die Wasserbaumeister, die er anstellte, waren einerseits meist Stümper gewesen. Doch auch die Fähigeren kamen an damalige technische Grenzen. Die hölzernen Rohre, die das Wasser vom Schafgraben ins Bassin auf dem Ruinenberg leiten sollten, hielten dem Druck nicht stand und platzten. Auch gelang es nicht, mehrere Windmühlen zum Antrieb von Schneckenpumpen in Reihe zu schalten.

Nur einmal, am Karfreitag 1754, sah der kleine König den Strahl der Großen Fontäne am Fuße seines Weinbergs aufsteigen. Man hatte den ganzen Winter über Schnee ins 4.000 Liter fassende Hochbecken geschippt. Der schmolz und floss Richtung König. Als die Wassersäule nach einer Dreiviertelstunde wieder in sich zusammenfiel, fragte F Zwo entgeistert: »Wer hat das befohlen?«

Die Große Fontäne von Sanssouci erreicht zwei Meter weniger an Höhe als die Babelsberger. Doch im Unterschied zu jener, die im Landschaftspanorama so belebend wirkt, steigt Potsdams zweithöchster Geysir immerhin höher auf als das ihm zugeordnete Schloss – allein die Höhendifferenz zum Ruinenbergbecken erzeugt so viel Druck. Heute wird das Wasser von zwei mikroprozessorgesteuerten Kreiselpumpen auf den Berg gepumpt.

Adresse Park Babelsberg, 14482 Potsdam | ÖPNV Bus 694, Haltestelle Schloss Babelsberg | Tipp Das Maschinenhaus hat nur zu besonderen Terminen geöffnet; die Dampfmaschine in der Moschee in der Breiten Straße kann dagegen immer nach Anmeldung bei der SPSG besichtigt werden. Allerdings wird sie zu Vorführzwecken elektrisch bewegt.

29 Das Freie Ufer

Der Uferweg ist das Ziel

Als sich Starregisseur und Oscarpreisträger Volker Schlöndorff unmittelbar nach der Wende eine heruntergekommene Villa am Griebnitzsee kaufte (einen »Sanierungsfall zwischen Müllkippe und Niemandsland«, wie es in einem Zeitungsartikel hieß), war alles noch so schön einfach: Freudig entdeckte er den ehemaligen Mauerstreifen am westlichen Ostufer als eine hervorragende Joggingstrecke. Im Frühjahr 2009 jedoch beendeten Metallzäune und frisch gepflanzte Hecken seinen Lauf. 20 Jahre nach dem Schleifen der Grenzanlagen entstanden private Mauern gegen die Flut der Spaziergänger, Villentouristen, Hundeausführer, ewig schwätzenden Uferbesetzer und joggenden Regisseure.

Die Bürgerinitiative Freies Ufer marschierte gegen die Uferkiller auf. Ein politisches Geplänkel entbrannte zwischen Bundesfinanzministerium und Brandenburger Ministerialpräsidium. Sollte man noch dem Bund gehörende Uferstreifenstückchen der Öffentlichkeit (sprich der Stadt) verkaufen oder den absperrenden Anliegern? Der Finanzminister war unparteiisch und ganz aufseiten des Geldes. Der Meistbietende möge gewinnen.

Jetzt aber mal ehrlich: Wer ein Grundstück mit Bootsanleger kauft, will doch nicht fremde Leute durch seinen Garten laufen lassen, vor allem nicht, wenn er Millionär ist. »Recht muss doch Recht bleiben«, betonte etwa Stardirigent Christian Thielemann in einem Interview. Was die Abriegelung betraf, gab das Oberverwaltungsgericht den Villenbesitzern 2009 einstweilig recht.

Der Berliner Mauerweg ist bereits durchgängig und mit höchst informativen Tafeln ausgestattet. Aber die Stadt Potsdam hat sich nun mal einen öffentlichen Grenz-Uferweg in den Kopf gesetzt. Warum denn nur? Viel zu sehen ist ja nicht mehr. Jetzt sind Mediationsverfahren im Gange. Notfalls will man, wie auch beim Groß Glienicker See, die Anrainer enteignen. Enteignen? Wirklich? Das wurde ja beim Grenzbau auch so gemacht, klar.

Adresse Griebnitzseeufer, oberes Drittel, 14482 Potsdam | **ÖPNV** Bus 694, Haltestelle Karl-Marx-Straße/Behringstraße | **Tipp** Auch Nicht-FDP-Mitglieder dürfen im Garten der heute der Friedrich-Naumann-Stiftung gehörenden Truman-Villa (Karl-Marx-Straße 2) sitzen und die Aussicht auf den See genießen.

30__Die Freundschaftsinsel

Hier wird durchgeblüht

Die stadtnahe Havelinsel war schon immer ein Ort der Schönheit und der Feste. Als nach Schinkels Plan 1824/25 die Lange Brücke gebaut und die Lange Fahrt ein schiffbarer Kanal wurde, gab es nur ein paar Gärten auf der Insel. Tabakhändler Gems, dem sie gehörte, veranstaltete Rosenfeste und nannte seinen Besitz 1841 im Testament »Insel der Freundschaft«. Als sein Schwiegersohn ab 1845 ein Inselrestaurant dieses Namens betrieb, wurde der Name gewissermaßen offiziell.

In den 1930ern beauftragte Nazi-Oberbürgermeister Friedrichs die Gartenarchitekten Hermann Mattern und Hermann Göritz, Mitglieder des »Bornimer Kreises«, dem auch der Staudengärtner Karl Foerster angehörte, mit der konzeptionellen Neugestaltung der Insel. Ein »Blütengarten der Zukunft« entlang einer langen Natursteinpergola entstand. Über 2.200 verschiedene Stauden und Sommerblumen sowie 270 Rosen- und Ziergehölzsorten erfreuten bei der Einweihung 1941 die Besucher. Karl Foersters Pläne für ein Restaurant und ein Gebäude für Kunstausstellungen konnten wegen der Kriegsknappheit nicht verwirklicht werden.

Nach dem zwölfjährigen Reich lag alles in Schutt und Asche. Karl Foerster regte eine Wiederauferstehung an, wobei – dem Verlauf der wieder errichteten Pergola folgend – die heutige Hauptachse mit Seerosenbecken, Brücken und Fontänen gebaut wurde. Der Karl-Foerster-Staudengarten hält die Erinnerung an den Vorkämpfer des ganzjährig blühenden Gartens wach.

Die 1966 auf der Freundschaftsinsel stattfindende Ausstellung »Plastik im Freien«, gedacht als Bilanz des bildkünstlerischen Schaffens in der DDR, begründete eine kleine Sammlung von heute über 20 Bronzeskulpturen. Jetzt haben, nach all den Wirren des 20. Jahrhunderts, endlich die flanierenden Ästheten, Blumenliebhaber und Künstler die Macht auf der Insel übernommen. An Farbe mangelt es nicht. Und auch nicht an Kaffee und Kuchen im Inselcafé.

Adresse Freundschaftsinsel, Lange Brücke, 14467 Potsdam | **ÖPNV** alle Linien, Haltestelle Hauptbahnhof | **Öffnungszeiten** »Daily Coffee« April Mo–So 11–18 Uhr; Mai–Okt. Mo–So 10–18 Uhr | **Tipp** Der Wasserturm am Hauptbahnhof (Friedrich-Engels-Straße 99), einziges Zeugnis des alten Stadtbahnhofs, beherbergt das zauberhafte Café-Restaurant »Wasserturm«, Tel. 0331/2011606, wo man glaubt, in einem mittelalterlichen Wehrturm in Bella Italia zu sitzen.

31 Die Friedenskirschen

Gespendet aus Freude, trotz allem …

Feinfühliger und schönheitsliebender als die Japaner ist kaum eines der Völker auf der Erde. 200 Kirschbäume schenkte Japan der Stadt Potsdam 1998 als Gruß und Glücksbringer für den schwierigen Prozess der deutsch-deutschen Wiedervereinigung. Auf einer 2007 angebrachten Gedenktafel am Neustädter Havelufer ist zu lesen:»Kirschbäume, gespendet von japanischen Bürgern aus Freude über die Vereinigung unseres Volkes«. Ein Haiku des Dichters Issa (1763–1827) war hinzugefügt:»Unter den Zweigen der Kirschbäume in Blüte ist keiner ein Fremder hier.«

Die Japaner waren während des Zweiten Weltkrieges eine Kraft in der faschistischen»Achse« neben Italien und Deutschland. Sie waren noch mit den USA im Krieg, als ihre Kriegskameraden Hitler und Mussolini schon in die Grube gefahren waren.

Es zeugt vom langsamen Verblassen der unguten Erinnerungen an den Namen»Potsdam« auch in Japan, dass die Japaner sich 1998 so mitfühlend gaben. Von Potsdam aus hatte US-Präsident Truman am 25. Juli 1945 dem auf der Insel Tinian stationierten Oberbefehlshaber der U.S. Strategic Air Forces in the Pacific die Vorbereitung zum Abwurf der ersten Nuklearsprengkörper auf Japan befohlen, einer Uran- und einer Plutoniumbombe. Die Auswahl der japanischen Zielstädte aus einer vorbereiteten Liste überließ er dem General.

Nach dem Erhalt der Erfolgsmeldung des Trinity-Tests in der Wüste von New Mexico am 16. Juli 1945 – dem ersten Tag der Potsdamer Konferenz – hatte Truman Stalin im privaten Gespräch erklärt, dass er mit einer neuartigen Waffe den Krieg mit Japan sofort beenden könne. Stalin gab sich unbeeindruckt, denn er wusste schon längst vom US-Atomprojekt, und riet nur, die neuen Mittel mit Bedacht einzusetzen. Intern befahl er sofort, das Atombombenprojekt voranzutreiben. Der Kalte Krieg begann in Potsdam. Umso zauberhafter mutet die Geste der Japaner an.

Adresse Breite Straße 26, 14467 Potsdam | **ÖPNV** Bus 606, Haltestelle Natur-kundemuseum | **Tipp** Man schlendere zum Neustädter Tor, Breite Straße 17 (andere Straßenseite). Nur einer von zwei Obeliskenpfeilern ist übrig, und die Hieroglyphen sind – bei genauerem Hinsehen – gar keine. Alles erstunken und erlogen: Man hatte sie damals noch nicht entschlüsselt.

32__Der Führerbalkon

Jetzt wird Bombe mit Bombe vergolten

Als in Babelsberg Ende des 19. Jahrhunderts die ersten Bauten des Deutschen Roten Kreuzes (DRK) errichtet wurden, ahnte niemand, welch zentrale Bedeutung der Standort für die Hilfsorganisation bald bekommen sollte. Hitler wurde 1934 zum DRK-Schirmherrn und ernannte 1937 den SS-Oberführer und Reichsarzt-SS Ernst-Robert Grawitz zum geschäftsführenden Präsidenten. In seiner Funktion als Reichsarzt-SS war er maßgeblich für die Euthanasieverbrechen und Menschenversuche an KZ-Häftlingen verantwortlich. Grawitz organisierte das Deutsche Rote Kreuz im Sinne des »Führerprinzips« und stellte es vollständig in den Dienst der 1935 neu geschaffenen Wehrmacht.

1938 begann man das Babelsberger DRK-Areal zu Zentrale und Hauptlager für das gesamte Deutsche Reich auszubauen. Weil in der Nachbarschaft auch die bald gewaltsam zur UFA vereinigten Filmstudios ihre Filmstadt erhalten sollten, kam es anfangs zu Kämpfen der Bauleitungen um Gelder, bei denen Propagandaminister Goebbels bis zum Kriegsbeginn die Nase vorn behielt. Ab 1940 waren aber die Präferenzen an den Fronten eindeutig: Hansaplast ging vor Zelluloid.

1942, als die Deutschen an allen Fronten Einbußen erlitten, Rostock als erste deutsche Stadt aus der Luft bombardiert wurde und der Bedarf an Sanitätsmaterial ins Apokalyptische stieg, wurde die dreigeschossige und dreiflügelige Anlage fertig. Architekt Emil Fahrenkamp aus Aachen hatte einen massiven Portalvorbau mit einem Führerbalkon in die Mitte der fast 200 Meter breiten Frontansicht gesetzt und sich bei den vorgezogenen Eckpfeilern an der Tribünenanlage des Nürnberger Zeppelinfeldes orientiert. Schirmherr Hitler hat hier dennoch nie gesprochen. In den letzten Kriegstagen, kurz bevor sowjetische Truppen das Hauptlager und das Präsidium des DRK besetzten, sprengte sich DRK-Präsident Grawitz samt Familie in seiner Wohnung in die Luft.

Adresse Universität Potsdam, Campus Griebnitzsee, Komplex 3, Haus 6, August-Bebel-Straße 89, 14482 Potsdam | **ÖPNV** S-Bahn S1, S2; Bus 694, 696, Haltestelle S-Bahnhof Griebnitzsee | **Öffnungszeiten** Mo–Fr 7–21 Uhr | **Tipp** Man traue sich und betrete den riesigen, wehrhaften Bau. Die Halle hinter dem Führerbalkon war schon oft Drehort für Filme mit Nazikulisse, etwa für Tarantinos »Inglourious Basterds«.

33 _ Der Gardeschießstand

Wo die Granaten tanzten

Das Katharinenholz ist vielen Potsdamern bis heute nur wegen des Namens einer früheren Gaststätte mit Tanzboden ein Begriff. Im Bornimer »Katharinenholz« wurde so manche Beziehung angebahnt. »Bahnen« ist aber auch das Stichwort für den 1841 eingerichteten Schießplatz des 1. Garde-Ulanen-Regiments im Waldgebiet Katharinenholz. Noch zu DDR-Zeiten herrschte hier deutsch-russischer Schießbetrieb. Auch lagerte in mehreren streng bewachten Sheltern und Hallen die Munition der lokalen Grenztruppen. Das mag der Hauptgrund dafür sein, dass das Gebiet noch immer weitgehend gemieden wird.

Vor allem die parallelen Gräben bereiten jedem Kopfzerbrechen, der sie vorfindet. Am nordwestlichen Ende der schnurgeraden Riesenfurchen im Waldboden vergrößern acht gigantische Mauern mit Löchern und rückwärtigen Anbauten in der Mitte das Rätselraten. Die Lösung ist militärisch und simpel: Hier wurden einfache Gewehre eingeschossen, die ersten Mauser-Maschinengewehre und auch kleinere Kanonen. Die Erdwälle dienten zur Unfallvermeidung (bei Querschlägern), die Mauern am Ende bildeten optische Begrenzungen. Außerdem hatten sie einen kastenförmigen Kugelfang. Hier war es möglich, die Zieloptik zu verbessern und die Qualitäten von Geschützen, Läufen und Munition zu beurteilen.

Besonders seit dem Deutsch-Französischen Krieg 1870/71 war Weitschießen unabdingbarer Bestandteil der Schützenausbildung. In den Gräben liefen bald beim Gewehrschießen Rollscheiben, damit sich keiner in die Gefahrenzone nahe den Mauern begeben musste. Hier sind die Einschüsse noch deutlich zu sehen. Einige gröbere Aktionen haben Löcher in den Kugelfangbauten hinterlassen. Ein Lokalmythos muss schließlich noch in die Versenkung geschickt werden: Tarantino hat hier nicht gedreht. Die sogenannte »Bärenjudenszene« in den »Inglourious Basterds« entstand im Fort Hahneberg bei Berlin-Spandau.

Adresse Katharinenholz, 14467 Potsdam | **ÖPNV** Bus 612, 614, 692, 698, Halte-stelle Florastraße | **Öffnungszeiten** umsonst und draußen; bei schlechtem Wetter sind Gummistiefel und reißfeste Regenkleidung angesagt | **Tipp** Die Shelter und Hallen des Munitionsdepots der Grenztruppen sollen irgendwann betreute Fledermaus-quartiere werden; noch aber sind sie frei zugänglich.

34___Die Garnisonkirche

Bau auf, bau auf

Es gibt zwei Fehler, die Sie unbedingt vermeiden sollten, wenn Ihnen etwas daran liegt, von den Einheimischen in Berlin und Potsdam für voll genommen zu werden: In Berlin gab es kein »Stadtschloss«, sondern das »Schloss«. In Potsdam dagegen gab es keine »Garnisonskirche«, sondern eine »Garnisonkirche«. Man hat Schwierigkeiten, sicher, heutzutage irgendwo das Fugen-s auszulassen. »Garnisonkirche« ist da eine gute Übung.

Spricht man nun einem echten Potsdamer gegenüber das Wort »Garnisonkirche« korrekt aus, so wird sein Lächeln über die richtige Aussprache rasch in weitere Gesichtsregungen münden: Entweder es verstärkt sich zum Strahlen, oder es verzieht sich zum sarkastischen Grinsen. Am Thema »Garnisonkirche« entzweien sich die Gemüter: Wiederaufbauen? Oder verschwunden sein lassen? Wie üblich in solchen Fällen (siehe Berliner Schloss), werden Gazetten gedruckt, in denen sich alle, besonders aber die Befürworter, ausführlich auslassen dürfen.

Vor Ort ist ein kleines Dokumentationszentrum errichtet, eine Art Notkirche, wo die Trommel kräftig für den Wiederaufbau gerührt wird. Hauptargument ist, dass die Königliche Hof- und Garnisonkirche als bedeutendster Sakralbau des preußischen Barock »das eigentliche Wahrzeichen der Stadt« sei. Da mag man einwenden, dass man eine Stadt, die man nur mit der Kirche verbindet, in der Hitler an die Macht kam, lieber nicht besuchen will. Ist denn das heutige Wahrzeichen Potsdams, das Sanssoucischloss, nicht viel schöner?

Man kann nicht gerade behaupten, dass die einstige Kirche ein besonderer Augenschmaus und Ohrenschmaus gewesen ist. Auf dem 90 Meter hohen Kirchturm prangten Krone, Reichsapfel, Preußenadler (als Wetterfahne) und eine Sonnenscheibe von zwei Metern Durchmesser. Das Glockenspiel oder Carillon war vielleicht das Schönste an der Kirche, die 1945 einem Bombentreffer zum Opfer fiel und deren Ruine 1968 gesprengt wurde.

Adresse Breite Straße 7, 14467 Potsdam | **ÖPNV** Tram 91, 92, 93, 96, 98, 99, Halte-stelle Alter Markt/Landtag | **Öffnungszeiten** ganzjährig Di–Fr 11–17 Uhr | **Tipp** Die älteste erhaltene historische Kirche Potsdams ist die Französische Kirche von 1753. Sie steht am südlichen Bassinplatz und ist ein Spätwerk des Architekten Georg Wenzes-laus von Knobelsdorff, der auch Schloss Sanssouci geschaffen hat.

35 _ Der Geisterbahnsteig

Nächster Zug nach Nirgendwo

Die kriegsbedingte Teilung des Landes war für beide Seiten eine logistische Herausforderung. Die BRD musste die Insel Westberlin sichern (in der Ost-See stets von Okkupation bedroht), die DDR einen kapitalistischen Fremdkörper mit magischer Anziehungskraft für potenzielle Republikflüchtlinge einkapseln.

Während man auf DDR-Seite beim Autobahnring um Berlin das Glück hatte, dass er das gesamte einstige Verkehrszentrum weiträumig umschloss und somit auf eigenem Gebiet lag, war der Eisenbahnverkehr im Mark zerstört. Die DDR-Reichsbahn plante einen Außenring zur Umfahrung Westberlins und verwirklichte ihn auch etappenweise.

Potsdam, neue Bezirkshauptstadt, bekam extra einen neuen Bahnhof für eine direkte Verbindung nach Ostberlin. Eröffnung war am 18. Januar 1958 und die Architektur dementsprechend: Neue Sachlichkeit, mit viel Glas, viel Beton und Pflaster auf dem Bahnhofsvorplatz. Zuerst hieß er »Potsdam-Süd«, weil er ja eigentlich südlich der Stadt im Wald lag, genauer gesagt in der Pirschheide, auf Höhe des Luftschiffhafens. Doch als sich deutlicher abzeichnete, dass es einen weiteren großen Bahnhof für Potsdam nicht geben würde, benannte man ihn in »Potsdam Hauptbahnhof« um. Der »alte« Potsdamer Hauptbahnhof in der Stadt bekam indes den Namen »Potsdam-Stadt«.

Am neuen Hauptbahnhof verkehrten nun im Minutentakt Regional- und Sputnik-Expresszüge. Fast war er dafür gleich schon wieder zu klein. Doch die Potsdamer akzeptierten ihn und erfüllten ihn mit Leben. Er tat seine Dienste bis zur nachwendischen Neuorganisation des Zugnetzes der neuen gesamtdeutschen Bundesrepublik. Aus dem Hauptbahnhof wurde ein kleiner Haltepunkt namens »Pirschheide«. Das untere Gleis ist noch in Betrieb, und wer immer sich traut, hier nachts auszusteigen, muss sich auf unheimliche Gestalten gefasst machen, die bisweilen ihr vandalistisches Unwesen treiben.

Adresse Zum Hauptbahnhof, 14471 Potsdam | **ÖPNV** Tram 91, 98; Bus 695, Haltestelle Bahnhof Pirschheide | **Öffnungszeiten** frei zugänglich; nur ein kleiner Anstieg am Hang und ein paar Meter Schotterweg sind zu überwinden | **Tipp** Wenn man schon mal da ist, kann man im Bowlingcenter Pirschheide seine Kugelsicherheit testen oder sich die zeppelinartigen Riesenhäuser des Kongresshotels am Luftschiffhafen ansehen, wo es im Sommer auch eine Freiluftbar mit Zeppelinlampen gibt: Am Luftschiffhafen 1.

36 __ Das geknickte Licht
Flutlicht fürs Weltkulturerbe

Schon seit den 1920er Jahren hatte der Sportverein Concordia Nowawes 06 an der damaligen Priesterstraße einen kleinen Fußballplatz. In den 1950ern, als der neue DDR-Oberligist BSG Märkische Volksstimme (nachmals BSG Rotation) eine Spielstätte brauchte, beräumte man die Bombentrichter, richtete den Platz wieder her und baute eine Holztribüne dazu.

Ein »richtiges« Stadion entstand dann nebendran im Vorfeld der 78er Weltmeisterschaft. Landestypisch wurde aus Betonplatten das Eingangs- und Spielergebäude errichtet. Den Namen Karl-Liebknecht-Stadion trägt es seit der Eröffnung 1976 bis heute – was nur wenigen DDR-Großimmobilien vergönnt war. Das »Karli«, wie es volkstümlich heißt, hatte bis 2001 satte 15.000 Plätze. Beim WM-Qualifikationsspiel der DDR gegen Malta 1977 war es ausverkauft. Beim letzten Regionalligaspiel der Potsdamer 2001 gegen Fortuna Düsseldorf kamen immerhin noch 14.700 Zuschauer. Nach mehreren Umbauten kann das »Karli« heute knapp 10.500 Zuschauer fassen und wird vom Männerdrittligisten SV Babelsberg 03 und vom Frauenfußballclub 1. FFC Turbine Potsdam 71 bespielt.

Karlis Flutlichtanlage ist weit und breit einmalig, denn die Masten mussten wegen der Nähe zum Weltkulturerbe Park Babelsberg einklappbar gestaltet werden. »Im aufgeklappten Zustand stellen die Masten eine erhebliche Beeinträchtigung der Sichtbeziehungen im Babelsberger Park dar«, betont die Stiftung Preußische Schlösser und Gärten. Vom Flatowturm aus sieht man tatsächlich ein bisschen Moderne. Aber das Stadion liegt schon außerhalb des Parks ... Auch die Hochhäuser an der Havelbucht sind von Schloss Sanssouci aus zu sehen. Was soll's? Die Klappflutlichtanlage wurde beim Zweitligaspiel gegen Waldhof Mannheim am 12. April 2002 eingeweiht und sollte, wenn man nicht wieder mal vergisst, die Betriebsgenehmigung erneuern zu lassen, die Schlossparkbesucher ruhig weiter an die Jetztzeit erinnern.

Adresse Karl-Liebknecht-Straße 90, 14482 Potsdam-Babelsberg | **ÖPNV** Bus 694, Haltestelle Karl-Liebknecht-Stadion | **Öffnungszeiten** Das Stadion ist nur bei Sportveranstaltungen zugänglich. | **Tipp** Nach dem Spiel geht man traditionsgemäß ins zünftige Sportrestaurant von Otto Hiemke, Karl-Gruhl-Straße 55, Tel. 0331/7480596 (geöffnet Mo–So 12–24 Uhr). Das ist eine richtige Dorfwirtschaft in einer wunderschönen baumflankierten Straße wie in Südfrankreich.

37 Die Gewehrfabrik

Und ewig grinst der Widder, nein: Ochse

Der »Soldatenkönig« Friedrich Wilhelm I. ließ in Potsdam die erste Gewehrmanufaktur errichten: drei Fachwerkhäuser in der Straße »Am Kanal«, in denen vor allem Fachkräfte aus Lüttich die Schießprügel zusammensetzten. Erst unter Friedrich II. bestand im Preußischen Heer ein steigender Bedarf an Schusswaffen, daher wurde 1755 die Verwaltung in einem eigenen Direktionshaus Ecke Breite Straße/Am Kanal untergebracht.

Friedrichs Schlossbaumeister Johann Gottfried Büring führte den Bau aus und versah ihn mit einem aufsehenerregenden, umlaufenden Fries aus mehreren Dutzend paarweise angeordneten Rinderschädeln – angeblich nach römisch-dorischem Vorbild. 1776 noch, als Friedrichs Kriege im Wesentlichen geschlagen waren, ließ er seinen Schlossbaumeister Georg Christian Unger die Fachwerkbauten der Fabrik durch Steinbauten ersetzen: Waffen aus Preußen waren ein wichtiger Exportartikel. Ein Spruch des »deutschen Horaz« Karl Wilhelm Ramler zeugt davon, dass Friedrich auch die deutschen Dichter achtete. Vorausgesetzt, sie enthielten sich der in Friedrichs Ohren unpoetischen deutschen Sprache und dichteten etwas, das ihm auch gefiel. Aus dem Lateinischen frei übersetzt: »Werkstatt der Schmiede, dem Kriegsgotte geweiht«.

Die vom Handels- und Bankhaus Splitgerber & Daum betriebene Potsdamer Gewehrfabrik zog 1815 an den Sitz der zweiten preußischen Waffenschmiede in Spandau um. Die zurückbleibenden Häuser wurden 1866 zu Kasernen für die ersten drei Kompanien des 1. Garderegimentes zu Fuß. Nach dem Zweiten Weltkrieg verschwanden sie teilweise, das Direktionshaus dagegen ganz. Ganz? Nein! Ein kleiner, letzter, unbeugsamer Ochsenkopf des Frieses von Hofbildhauer Johann Peter Benkert grinst noch irr-verloren an der tristen flachen Wand eines Neubaus. Immer wieder liest man von »Widderschädeln«. Das ist Unfug, denn Widdergehörne haben eine Umdrehung mehr.

Adresse Breite Straße 6, 14467 Potsdam | **ÖPNV** Tram 91, 92, 93, 96, 98, 99, Haltestelle Alter Markt/Landtag | **Öffnungszeiten** nur von außen zu besichtigen | **Tipp** Die beiden Hiller-Brandt'schen Häuser nebendran, Breite Straße 26/27, zählen zu den schönsten bürgerlichen Prunkbauten, die unter Friedrich II. errichtet wurden. Architekt Unger kopierte hier den Jones'schen Palace of Whitehall in London, der wiederum von Palladio inspiriert war.

38 __ Die Glasdecke

»Einheit der Arbeiter – Einheit Deutschlands«

Auch ohne einkaufen zu wollen, lohnt es sich, ins Kaufhaus Karstadt zu gehen und den Blick zur Decke zu richten. 1905 als Firmengebäude der Lindemann AG gebaut, kam das Haus in den dreißiger Jahren in den Besitz von Karstadt. Zu DDR-Zeiten verkaufte hier die Konsument-Gruppe, zuletzt mit Wühltischen nach westlichem Vorbild. Nach der Wende kam Massa, gefolgt von Horten, danach – 1993 – Kaufhof. Drei Jahre später brannte das Gebäude vollständig aus. Neun Jahre stand es leer, bis am 10. März 2005 der Alteigentümer Karstadt wieder einzog und den denkmalgeschützten Eingangsbereich mit der Glasdecke wiederherstellte.

Man weiß nichts mehr über den Urheber des Designs der Ornamente. Es interessiert auch niemanden, weil es an sich schön genug ist.

Schnitt: Am 3. April 1946, um 14 Uhr, fließt ein träger Menschenstrom über einen Seitenaufgang aus der Jägerstraße in den Speisesaal des Karstadtkaufhauses hinauf. Sein Ziel ist die »Einigungskonferenz SPD-KPD Kreis Groß-Potsdam«. Transparente über Vorstandstisch und Rednerpult fordern auf: »Brüder in eins nun die Hände!« und »Einheit der Arbeiter – Einheit Deutschlands!«

Das Orchester Axel te Holte spielt Beethovens Coriolan-Ouvertüre, und der neu gegründete Volkschor singt »Brüder, reicht die Hand zum Bunde«. Der Genosse Brüning referiert zum Thema »Ziele und Aufgaben der Sozialistischen Einheitspartei«. Nach den Stellungnahmen der Parteisekretäre von SPD und KPD und einigen Schlussworten intonieren alle Anwesenden die Internationale. Es folgt, worauf sich insgeheim jeder gefreut hat: »Abschlussfeier und Kabarett«.

Der »Platz der Einheit« erinnert daran, dass sich die SED als Einheit der deutschen Arbeiterschaft und Anbahnerin der deutschen Einheit verstand. Erst 40 Jahre später, nachdem die Zwangs-Einheitspartei wieder beseitigt war, konnte die deutsche Wiedervereinigung beginnen. Abgeschlossen ist sie noch lange nicht.

Adresse Brandenburger Straße 49/52, 14467 Potsdam | **ÖPNV** Tram 92, 96, Haltestelle Brandenburger Straße | **Öffnungszeiten** Kaufhaus Karstadt Mo–Sa 10–20 Uhr | **Tipp** Ein paar Hausecken weiter, an der Ecke Charlottenstraße/Dortustraße, steht die restaurierte Alte Wache, wo im frühen 18. Jahrhundert am Markttag die Händler aus Werder und der Stadt Brandenburg kontrolliert wurden.

39__Die gläserne Bonbonfabrik
Karamell an Grünohrhase

Da bewegen sich Figuren in Overalls zwischen langen Produktionsstraßen, da fließen schier endlose Karamellbahnen auf Transportbändern, um plötzlich im rechten Winkel abzuknicken und in indefiniten Maschinen zu verschwinden, da wedelt ein Automat Unsichtbares, weil viel zu Schnelles, in bereitgestellte Tonnen-Schlaufensäcke auf Europaletten. Es scheinen Karamellbonbons zu sein. Offenbar ist dies die Produktion für den nächsten Kölner Karneval.

Im Eingangsbereich der gläsernen Bonbonfabrik erzählt ein älterer Herr auf einem Bildschirm vor grüner Wand, wie das alles so anfing mit seiner Lakritzproduktion. Doch Vorsicht! Er lässt wesentliche Teile der Vorgeschichte aus. Die Firma hieß zu Anfang Langenberg, und sie machte ihren Umsatz mit Fliegenklatschen und Rattengift. Zum saisonalen Ausgleich für das Sommergeschäft mit den Fliegenklatschen wurde die Herstellung von Lakritz beschlossen. Das Rezept hierfür kam von der Familie Fassini – den italienischen Vorfahren der heutigen Katjes-Besitzer Fassin.

Dann ging es stetig aufwärts. Die kleine Katze aus Lakritz war der optimale Sympathieträger. Zwei weitere Richtungsentscheidungen trugen wesentlich dazu bei, dass Katjes heute (nach Haribo und Storck) der drittgrößte deutsche Süßwarenproduzent ist: die Erfindung der Joghurt-Drops (1971) und der Verzicht auf tierische Gelatine bei der Produktion (1988). Heute gibt es nur noch drei Produkte, die nicht auf der »Veggie«- und »Flexie«-Schiene laufen. Katjes setzt fast ganz auf die 42 Millionen Vegetarier und Flexitarier in Deutschland und hat mit dem Grünohrhasen einen Treffer beim Konditionieren der Masse zum vermehrten Süßwarengenuss gelandet. »Flexitarier« sind übrigens Menschen, die mehrmals wöchentlich auf Fleisch verzichten. Was den Zucker betrifft, nun ja: Sieh jeder, wo er bleibt, und wer steht, dass er nicht umkippe.

Adresse Wetzlarer Straße 96, 14482 Potsdam | **ÖPNV** Bus 601, 690, Haltestelle Katjes | **Öffnungszeiten** ganzjährig, rund um die Uhr; Sonntagsarbeit wird man allerdings nicht beobachten können, auch keine Roboter! | **Tipp** Ein Spaziergang ins Wohngebiet Am Stern weiter südöstlich (15 Minuten zu Fuß) lohnt sich für alle, die an DDR-Architektur und Stadtraumgestaltung interessiert sind. Die Pflasterung des Johannes-Kepler-Platzes schaut man sich am besten mal aus einem Hochhaus an. Vor der Kita steht eine schöne, verträumte Münchhausen-Skulptur.

40__Das Grab der Verzweifelten

Genickschuss für Spitzelspielerei

Als sich im Osten die stalinistische Diktatur abzeichnete, leisteten nicht viele aktiven Widerstand. Nur drei Gruppen sind landesweit bekannt geworden, eine operierte in Werder/Havel. Vor dem Beginn der Volkskammerwahlen im Oktober 1950 verbreiteten etwa 30 Jungwerderaner antikommunistische Flugblätter, unter anderem mittels einer Flugblattrakete.

Die Anführer, Herbert Herrmann und Werner Bork, mussten darauf vor der Stasi nach Westberlin fliehen. Sie schlossen sich der antikommunistischen »Kampfgruppe gegen die Unmenschlichkeit« an, die Aktionen auf DDR-Gebiet plante. (Der Berliner Mauermuseums-Betreiber Rainer Hildebrandt hatte sie mitbegründet). Vom CIC (Counter Intelligence Corps der US-Army) und der Organisation Gehlen finanziert, wohnten sie in Wannsee und stachelten von dort aus die Kombattanten in Werder an.

Konditorlehrling Karlheinz Kuhfuß notierte die Nummern sowjetischer Militärfahrzeuge. Seine Schwester schmuggelte einen Brief in den Westen. Die Marmeladenfabrikarbeiterin Ilse Graatz übermittelte, wie viele Gläser Marmelade pro Woche an die Sowjets geliefert wurden. Andere schrieben auf, was im Werderaner Güterbahnhof so alles verladen wurde – absurd anmutende Spitzeleien.

Die Gruppe war schnell von Stasiinformanten infiltriert. Schon im Juni 1951 saßen 24 Gruppenmitglieder im Stasigefängnis in der Potsdamer Bauhofstraße (heute Henning-von-Tresckow-Straße). Nach qualvollen Wochen kamen zwölf von ihnen ins Lindenhotel und zwölf vor ein sowjetisches Militärtribunal. Sieben Todesurteile wegen Militärspionage wurden verhängt, unter anderem gegen die Geschwister Kuhfuß. Die Vollstreckung fand in der Lubjanka in Moskau statt. Im Massengrab auf »Feld 3« des Moskauer Donskoi-Friedhofs wurden die Leichen verscharrt. 2008 stiftete ihnen Werner Bork ein mahnmalartig gestaltetes Grab auf dem Werderaner Inselfriedhof und vergrub darin symbolisch etwas Erde aus »Feld 3«.

Adresse Inselfriedhof Werder Kirchstraße 9, 14542 Werder (Havel) | ÖPNV Bus 631, Haltestelle Werder (Havel) | Öffnungszeiten Stadtführungen bietet die Gilde der Stadtführer: Tel. 03327/44368, www.stadtfuehrer-werder.de. Anja Spiegels Buch »Die Stasi kam im Morgengrauen« ist im Tourismusbüro von Werder/Havel am Alten Rathaus erhältlich. | Tipp Auf dem Mühlenberg steht ein lange vergessenes, jetzt wieder prächtig restauriertes – leider nur von außen zu sehendes – Belvedere, vermutlich von August Stüler entworfen.

41__Die Gugenheim-Villa

Wo Erich Kästner das Münchhausen-Drehbuch schrieb

Etliche der traumhaft schönen Anwesen in der Neubabelsberger Villenkolonie am Griebnitzsee gehörten, bis die Nazis kamen, jüdischen Familien – so auch das ehemalige Haus der Bühnen- und Filmschauspielerin Brigitte Horney. Als sie es 1939 von Hans Gugenheim erwarb, dem Sohn des jüdischen Seidenfabrikanten Fritz Gugenheim, sah dieser nichts vom Kaufpreis, da er aus Deutschland fliehen musste. Die Kaufsumme floss als »Reichsfluchtsteuer« in die NS-Staatskasse.

Brigitte Horney war weder antisemitisch noch ns-freundlich eingestellt. Ihr erster Film war »Abschied« gewesen, 1930 nach einem Drehbuch von Billy Wilder von dem jüdischen Regisseur Robert Siodmak verwirklicht. 1938 spielte sie die weibliche Hauptrolle an der Seite von Joachim Gottschalk in Wolfgang Liebeneiners »Du und ich«. Da Gottschalk mit einer Jüdin verheiratet war, wurde er 1941 mit Auftrittsverbot belegt. Brigitte Horney besorgte ihm in der Schweiz ein Engagement, doch inzwischen hatten sich Gottschalk, seine Frau Meta und sein Sohn gemeinsam das Leben genommen. Trotz Verbots nahm Brigitte Horney an seiner Beerdigung teil.

Darüber hinaus unterstützte sie die jüdische Vermieterin einer norwegischen Freundin in Berlin und pflegte Kontakt zu Carl Zuckmayer im Exil. In ihrer Villa beherbergte sie 1942 den an sich mit Publikationsverbot belegten Erich Kästner, der dort unter dem Pseudonym Berthold Bürger das Drehbuch für den UFA-Jubiläumsfilm »Münchhausen« schrieb, in dem Horney 1943 die Zarin Katharina die Große spielte und Hans Albers seinen sensationellen Ritt auf der Kanonenkugel vollführte.

Den langjährigen Streit um eine mögliche Rückübertragung an die Gugenheim-Erben (die Villa wurde in dieser Zeit von Hausbesetzern gepflegt), gewannen die Horney-Erben. Heute ist sie wieder aufwendig im Originalzustand der Dreißiger restauriert und gehört neuen Besitzern. Am schmiedeeisernen Zaun prangen noch die Initialen HG: Hans Gugenheim.

Adresse Johann-Strauß-Platz 10, 14482 Potsdam | ÖPNV Bus 694, Haltestelle Karl-Marx-Straße/Behringstraße, dann zweiminütiger Fußweg | Tipp Im Haus Rosa-Luxemburg-Straße 27, ein paar Schritte südwestlich, wohnte der Arbeiterdichter Hans Marchwitza.

42_Das Gut Golm

Remix eines UFA-Geheimtipps

Cora Freifrau von dem Bottlenberg hat einen Traum wahr werden lassen – 1995 eröffnete sie am Großen Zernsee bei Golm das Restaurant ihrer Großmutter wieder. 1914 war Gut Schloß Golm fertig geworden und diente der Erbauerin als Wohnsitz. Ob die steinernen, laternentragenden Adler auf den Pfeilern des Eingangstores auf ihren Lebensgefährten, den Flugpionier Frank Eckelmann, anspielen sollten, bleibt unklar.

Der Flugpionier betrieb erst eine Flugzeugwerft, dann (nach dem Vertrag von Versailles) eine Waggonfabrik mit 3.600 Beschäftigten und Gleisanschluss nach Werder in Golm. Doch als die Fabrik Mitte der goldenen zwanziger Jahre unter ungeklärten Umständen abbrannte, wanderte der schillernde Eckelmann nach Amerika aus. Niuta Freifrau von dem Bottlenberg musste sich etwas ausdenken, um zu überleben, und eröffnete 1929 ihr Gut Schloß Golm als »Kurhaus mit Restaurantbetrieb«.

Das übliche Namedropping kann man sich sparen – die alten Fotos an den Wänden, welche Niuta in einem Koffer verbarg, den ihre Enkelin Cora wiederfand, sprechen für sich: Marlene Dietrich, Heinz Rühmann und Marika Rökk mögen genügen. Sie kamen aus Babelsberg und selbst aus Berlin mit ihren Limousinen. »Zu Omas Zeiten war alles sehr schick und sehr, sehr teuer«, sagt Cora von dem Bottlenberg und ergänzt: »Heute ist es wieder schick – aber nicht so teuer.« Die Nazis machten Frau von dem Bottlenberg einen Strich durch die Rechnung. Sie musste ihr Schloss-Gut für wenig Geld verkaufen, von Nazikonkurrenz bedrängt. Ihre Enkelin Cora konnte das Haus glücklicherweise ein halbes Jahrhundert später von einer alten Freundin der Großmutter kaufen. Gemeinsam mit ihrer Lebenspartnerin Swetlana Freifrau von dem Bottlenberg hat sie es im Zustand DDR-üblicher Interimsnutzung als Kinderheim übernommen und nach arbeitsreichen Jahren der Renovierung erfolgreich wiederbelebt.

Adresse Am Zernsee 1, 14476 Potsdam | **ÖPNV** Bus 606, Haltestelle Alt-Golm | **Öffnungszeiten** Restaurant 18. April–15. Okt. Do–So 12–21 Uhr | **Tipp** Am langen Zernseedamm hinaufspazierend, kommt man zu einem kleinen Parkplatz der Angler. Links am Zernsee sind Eisvögel, Haubentaucher und allerlei andere hübsche Vögel zu beobachten (wenn man Glück hat).

43 Die Handweberei

Pfeffer und Salz, Gott erhalt's

Die Handweberei »Henni Jaensch-Zeymer«, heute von der Tochter Ulla Schünemann betrieben, ist mit ihren 16 Original-Webstühlen ein eingetragenes technisches Denkmal. Sie gilt unumstritten als die größte und älteste Handweberei Deutschlands. Hier kann man Stoffe kaufen, die man sonst nirgends bekommt, und viel über Weberei lernen.

1939 kam die der Bauhausschule verpflichtete Gründerin Henni Jaensch-Zeymer von Gildenhall bei Neuruppin in ein altes Wirtshaus nach Geltow. Ihre Webstühle waren schon damals teils über 200 Jahre alt. Noch heute wird im einstigen Tanzsaal nach den Farb- und Formprinzipien der Bauhausschule gewebt, in ungebrochener Tradition der Gründerin. Die Mutter der heutigen Inhaberin war 1939 Weberin-Statistin im UFA-Film »Auf zu neuen Ufern« und fand Gefallen an der Weberei. Sie lernte bei Henni Jaensch-Zeymer das Handwerk von der Pike auf. Ihre Tochter Ulla wuchs auf dem Webhof auf. Sie übernahm die Handweberei 1987.

Interessierte Besucher können hier ins alte Handwerk hineinschnuppern, im lebendigen Museum die Webstühle und Schautafeln studieren oder Kaffee und Kuchen im Café von Tochter Nadine Schünemann genießen. Im Ladengeschäft schlägt das Herz der Stofffanatikerinnen (und -fanatiker) höher: Über 300 verschiedene Gewebe aus Leinen, Baumwolle, Wolle und Seide kann man bestaunen, betasten und bezahlen. Unterschiedlichste Bindungen, die sonst nur der Kenner versteht, lassen sich hier befühlen und begreifen: die klassische Leinenbindung, Handdreher und Scheindreher, Raritäten wie Halbdreher und Volldreher, Köper- und Gerstenkornbindung, Pfeffer und Salz, Gitterbindung … Moment mal – Gerstenkorn kennt man ja vom Auge her, aber Pfeffer und Salz? Da ist Ihnen bestimmt etwas durcheinandergeraten! Mitnichten, sagt die weitere Tochter und Mitweberin Bianca Schönemann … Aber das möge man sich bitte vor Ort ausführlich erklären lassen.

Adresse Am Wasser 19, 14548 Schwielowsee-Geltow | ÖPNV Bus 631, Haltestelle Geltow Hauffstraße/Am Pappeltor | Öffnungszeiten Feb.–Okt. Di–So 11–17 Uhr, Nov.–21. Dez. Di–Fr 11–17 Uhr | Tipp Über die große Havelbrücke, auf der Straße Am Schwielowsee, kommt man per Rad nach Petzow, und von dort kann man das Bergmassiv der »Glindower Alpen« besteigen. Alpinausrüstung ist im wild zerfurchten Wandergebiet nicht zwingend erforderlich. Und die nahe Glindower Ziegelei hat zudem einen der letzten Hoffmann'schen Ringöfen, die noch in Betrieb sind.

44_ Das HPI

Brubbel, brabbel, brazzel

Professor Hasso Plattner ist mit bald zweistelligem Milliardenvermögen ein Mr. Big Net. Nach klassischem amerikanischen Muster des Selfmademans hat er aus der Computertechnik Kapital geschlagen. »Seine Leistungen als Unternehmensgründer der SAP SE mit ihren heute weltweit über 66.000 Mitarbeitern« sind … »ungewöhnlich wie herausragend«, heißt es auf der Homepage des von ihm gegründeten Hasso-Plattner-Instituts (HPI) am Campus Griebnitzsee.

Im HPI hat Professor Plattner eigenes Wissen und eigene Innovationskraft für andere nutzbar werden lassen. Es ist ein »An-Institut«, weil es der Uni »an«-gegliedert ist, sich aber selbst finanziert. Das ist in Deutschland einmalig, versteht sich für den Wissenschaftsförderer Plattner aber von selbst, der sich unentwegt für die »Community« einsetzt. Das US-Magazin »Time« wählte ihn schon 2006 zu einem der »Helden« der letzten 60 Jahre.

Das HPI ist nicht nur architektonisch ein Augenschmaus (man sehe sich etwa das Treppenhaus mit dem gläsernen Aufzug an), sondern es ist eine echte Karriereschmiede für alle, die keine Angst vor Platinen, Programmen, Datenbanken, Server-Farmen und Internet-Wolken haben. Der letzte Schrei im Netz ist sein Netz-Studium für alle: In wenigen Sekunden sind Sie eingeschriebene(r) Studierende(r) und belegen etwa auch bei Professor Plattner höchstselbst einen Kurs.

Die interaktive Skulptur des spanischen Bildhauers Jaume Plensa am Seeufer nimmt Geräusche und Bilder aus ihrer Umgebung auf und säuselt den lieben langen Tag so vor sich hin (brubbel, brabbel, brazzel …). Ursprünglich eine Expo-Werbefigur, scheint sie wie ein symbolisches Porträt von Hasso Plattner dazustehen. Jaume Plensa wollte mit der Figur ein Sinnbild des neuen Menschen schaffen: gläsern wie in den Utopien der zwanziger Jahre, doch zunehmend aus austauschbaren Platten zusammengesetzt. Platten, so, so.

Adresse Prof.-Dr.-Helmert-Straße 2–3, 14482 Potsdam | **ÖPNV** S-Bahn S1, S2; Bus 694, 696, Haltestelle S-Bahnhof Griebnitzsee | **Öffnungszeiten** Mo–Fr 7.30–23 Uhr, Sa 9–19 Uhr, So 9–17 Uhr; das Onlinestudium ist rund um die Uhr möglich | **Tipp** Ein Kaffee draußen vor der Uni-Cafeteria bei den benachbarten Juristen, und man fühlt sich wie ein richtiger Studierender. Die Atmosphäre ist fast die einer gut organisierten Gartenparty.

45_Der Hubschrauberplatz

Punktlandung in der Exklave

Das winzige Steinstücken hat 300 Einwohner und zählt als Ortslage zum Berliner Ortsteil Wannsee (Bezirk Steglitz-Zehlendorf), obwohl es geografisch inmitten von Potsdam-Neubabelsberg liegt. Bei der Bildung Großberlins 1920 hatte sich diese Exklavensituation ergeben, war für die Bewohner zunächst aber unbedeutend. Sie fühlten sich Babelsberg zugehörig. Erst 1945 bis 1971 wurde es grotesk.

Im Oktober 1951 scheiterte ein Versuch der DDR, Steinstücken zu annektieren. Nach vier Tagen Besetzung intervenierten die Amerikaner. 1952 zäunte es die DDR ein. Die damals 200 Einwohner durften den schmalen Weg zwischen bewachten Grenzzäunen von und nach Wannsee nur per pedes passieren. Alle Bedarfsgüter mussten mit Muskelkraft hindurchgeschleust werden. Nach dem Mauerbau 1961 wurden drei US-Soldaten in Steinstücken stationiert. Hubschrauber erleichterten die Versorgung mit Lebensmitteln und Bedarfsgütern. Strom und Wasser jedoch kamen bis zum Schluss aus der DDR.

Nach dem Abkommen über den Gebietsaustausch von 1971 wurde die Exklave mittels eines 900 Meter langen und 100 Meter breiten Korridors an Wannsee angenabelt. Die DDR verrückte die Mauern, sodass eine breite, zweispurige Stichstraße gebaut und am 30. August 1972 feierlich durch den Westberliner Regierenden Bürgermeister Klaus Schütz eröffnet werden konnte. Auch die Anbindung an das Westberliner Nahverkehrsnetz (Bus 118) erfolgte, und die Versorgung mit Energie und Wasser wurde weitgehend auf Westbelieferung umgestellt. 1989 bezogen indessen noch immer zwölf Steinstückener Haushalte ihr Wasser aus dem Potsdamer Netz.

Die Hubschrauber kamen nun nicht mehr, und den Kindern fehlte die tägliche Attraktion. Ihre Eltern freuten sich über die steigenden Grundstückspreise und die Möglichkeit, jetzt auch die Autos auf die Gehöfte zu holen. Nicht wenige betrauerten die einsetzende Touristenflut aus Westberlin.

Adresse Am Landeplatz, 14109 Berlin-Wannsee | **ÖPNV** S-Bahn S1, S2, Bus 694, 696, Haltestelle S-Bahnhof Griebnitzsee | **Öffnungszeiten** immer zugänglich; besonders beliebt bei Kids zwischen zwei und sieben, da Spielplatz | **Tipp** Ein bemerkenswertes Gebäude in Steinstücken ist das 1926/27 nach Plänen von Erich Mendelsohn (Architekt des Einsteinturms) errichtete Wohnhaus für den damaligen Stadtarzt von Nowawes, Dr. Curt Bejach, in der Bernhard-Beyer-Straße 12.

46 Der Joker's Garden

Gib mir mal dein Scheckheft, Kleiner

Wäre Fjodor Dostojewski heute in Potsdam, er würde schnurstracks in die Spielbank »Joker's Garden« laufen, die seit 2002 im denkmalgeschützten Knobelsdorffhaus von 1750 in den Räumen des ehemaligen »Klubs der Architekten und Künstler Eduard Claudius« allen Spiellustigen ihre Dienste anbietet: Automatenspiel und Klassisches Spiel (Roulette, Poker und Black Jack) in wunderschönen Spielräumen mit beleuchteten Podesten, Vintage-Ledersesseln und historisierenden Wandbehängen. Heute informiert ein Infoheftchen am Eingang über die ersten Anzeichen der Spielsucht.

Der Gentleman spielt nur zum Zeitvertreib, »eigentlich nur um den Vorgang des Gewinnens oder Verlierens zu verfolgen«, wie Dostojewski einst in seinem Roman »Der Spieler« ausführte. Wer spielt, um zu gewinnen, der muss zwangsläufig alles verlieren. Wer diese kleine Regel beherzigt, der wird die Potsdamer Spielbank in guter Erinnerung behalten, ob er nun schon frühmorgens im Automatenspiel (es gibt hier sogar eine Abteilung für Raucher) oder ab dem späten Nachmittag im Klassischen Spiel das seinige macht.

Im Jahr der Eröffnung von »Joker's Garden« in Potsdam wurde auch das Fortunaportal der Schlosshüllenreplik fertig. Diese wundervolle Koinzidenz brachte die Betreiber der Spielbank auf eine an sich glückliche Idee. Sie schlugen vor, die goldene Fortuna für einige Tage im Treppenhaus des ehemaligen Klubs der Künstler und Architekten auszustellen. Die Größe der Figur ließ es leider nicht zu. Aber die Idee der Glücksgöttin im Treppenhaus hielt sich. Der Potsdamer Künstler Rainer Sperl gestaltete ihr knappes Kleid aus versilberten EC-Karten und setzte ihr als Hütchen einen kleinen Roulettekessel auf den schönen Kopf. Er ist quasi die für uns Heutige verständliche Übersetzung des traditionellen Attributs der Glücksgöttin, des Rades. Bitte das Spiel zu machen!

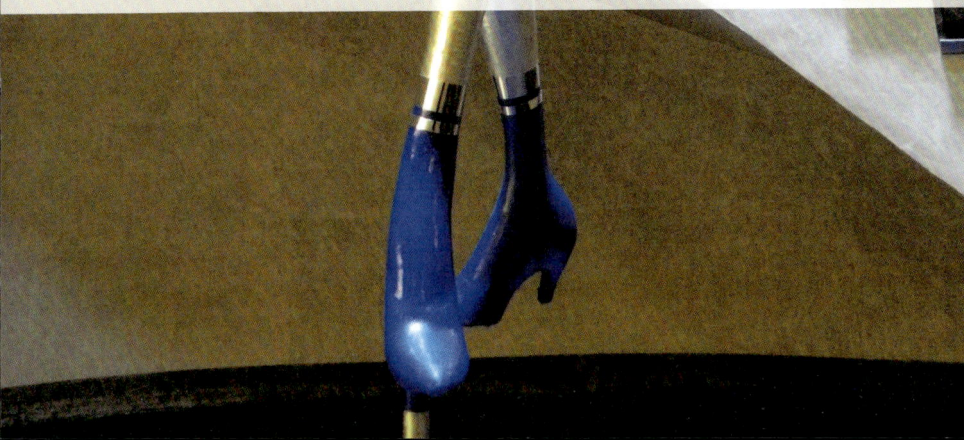

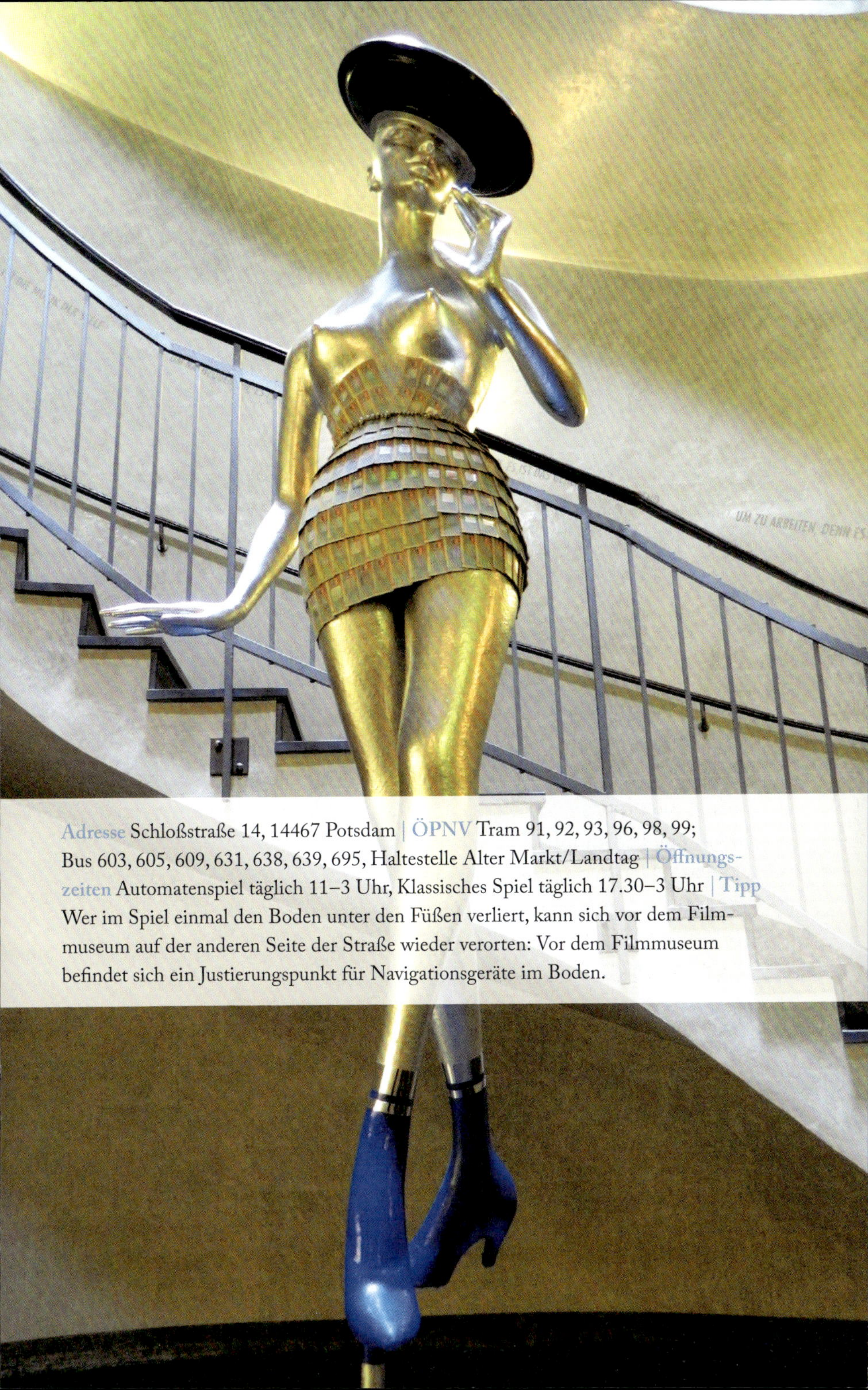

Adresse Schloßstraße 14, 14467 Potsdam | **ÖPNV** Tram 91, 92, 93, 96, 98, 99; Bus 603, 605, 609, 631, 638, 639, 695, Haltestelle Alter Markt/Landtag | **Öffnungszeiten** Automatenspiel täglich 11–3 Uhr, Klassisches Spiel täglich 17.30–3 Uhr | **Tipp** Wer im Spiel einmal den Boden unter den Füßen verliert, kann sich vor dem Filmmuseum auf der anderen Seite der Straße wieder verorten: Vor dem Filmmuseum befindet sich ein Justierungspunkt für Navigationsgeräte im Boden.

47__Der Kaak

Wer den Schaden hat …

… braucht für den Spott nicht zu sorgen, sagt ein deutsches Sprichwort. Darin enthalten ist ein Grundprinzip mittelalterlicher Gerichtsbarkeit – die Ächtung des Verbrechers durch den spottenden Bürger. Das Wort »Kaak« kommt von niederdeutsch »käxen« oder »gixen« für »gaffen« und bezeichnet eigentlich den Ort des Angeprangertseins, den Schandpfahl oder Pranger, die Schandsäule oder den Käfig. Bei der öffentlichen Ächtung stand der Delinquent angebunden, angekettet oder eingesperrt am »Kaak«, am »Kax« oder »Kix«, am »Gix« oder »Gäx« und war dem Spott der Mitmenschen hilflos ausgeliefert. Das war wahrscheinlich schlimmer als das Ausgepeitschtwerden, das Verprügeltwerden oder gar eine spätere Hinrichtung.

In Berlin war die eigentliche Bedeutung von »Kaak« schon Ende des 19. Jahrhunderts nicht mehr bekannt. Daher wurde das Wort auf eine Figur im Inneren der Gerichtslaube aus dem 13. Jahrhundert übertragen, einem angeblichen mittelalterlichen Spottvogel namens »Kaak«. In einer Ecke des kubischen, zum besseren Gaffen nach allen Seiten offenen Baukörpers hing er an der Wand und symbolisierte den Schimpf und die Schande, den Hohn und den Spott der Mitwelt, wenn einer verurteilt wurde. An der Säule in der Mitte des Raumes war ein Steinrelief angebracht, auf dem Schweine die Schlemmerei und Unzucht, ein Adler die Raubgier, ein Affe die Habsucht und Sirenen den Hass und den Zorn verkörperten.

Die Gerichtslaube der Stadt Berlin wurde beim Bau des Roten Rathauses abgebaut und als Geschenk dem mittelalterbegeisterten, romantischen Kaiser Wilhelm I. geschenkt, der sie auf der Lennéhöhe im romantischen Park Babelsberg aufstellen ließ. Der Demokratieverächter, der schon als Prinz bei der Niederschlagung der 49er-Aufstände in Baden blutigen Ernst machte, ließ sich ein kleines Teezimmer über die einstige Kaak-Käx-Kieks- und Spottstätte aufstellen.

Adresse Park Babelsberg, 14482 Potsdam | **ÖPNV** Bus 694, Haltestelle Schloss Babelsberg | **Öffnungszeiten** öffentlich zugänglich; von außen einsehbar | **Tipp** Das Matrosenhaus ist nicht weit weg. Man steuere einfach instinktiv die Havel an. Die Wetterfahne ist ein Drachenboot.

48 Die Kamine

Eldorado der Schornsteinfeger

Ein Sprichwort aus England, dem Land, aus dem der Tudorstil mit seinen im »brick style« gemauerten Tudorkaminen kommt, sagt: »Am Giebel und am Dach / Spürt man des Wirtes Hausgemach.« Für das modernste preußische Schloss (auch das einzige, das hierzulande im 20. Jahrhundert, 1913–1917, noch gebaut wurde) trifft dies ins Schwarze. Der preußische Kronprinz Wilhelm und die Kronprinzessin Cecilie bewohnten zu zweit stolze 176 Räume. Eine Unzahl von Kaminen im Tudorstil, alle höchst kunstvoll und variantenreich aus Klinkern und Formsteinen gemauert, ziert das Dach. Sie gehören zu echten offenen Kaminen (mit vielen Zügen) in den wichtigsten Zimmern des Hauses. Wie viele Schornsteine es wirklich sind? Da möchte sich Schlossbereichsleiter Harald Berndt nicht genau festlegen. 55 sei aber definitiv falsch, sagt er.

Die prächtigsten Kamine markierten seinerzeit die Gewichtigkeit der Gemächer und der in ihnen wohnenden Personen. Kronprinz und Kronprinzessin hatten die gewaltigsten Schornsteine über sich. Auch die Fensterscheiben der Herrschaftszimmer waren edler als die der profanen Räume. Hier haben die Fensterscheiben ein einfaches Rechteckmuster. Alle offenen Kamine im Schloss, so Harald Berndt, sind funktionsfähig und wurden bei Empfängen oder zur Stimmungsuntermalung angeheizt. Heizung für das riesige Haus waren sie jedoch nicht – das besorgte eine Zentralheizung, anfänglich mit Kohle betrieben. Ein Team von Heizern war unentwegt im Einsatz, damit keinem das blaue Blut in den Adern gefror.

Auch Hitler hatte es behaglich warm, wenn er den Kronprinzen besuchte, der ein großer Freund der Nazis war. Nach 1945 nutzten die Russen den Bau als prunkvolles Tagungshotel für die Potsdamer Konferenz. Der runde Tisch, an dem Truman, Churchill und Stalin saßen, war extra in Moskau gebaut worden. Und auch den angepflanzten roten Blümchenstern im Innenhof gibt es bis heute.

Adresse Im Neuen Garten 11, 14469 Potsdam | **ÖPNV** Bus 603, 631, 639, 695, Haltestelle Schloss Cecilienhof | **Öffnungszeiten** Nov.–März Di–So 10–17 Uhr; April–Okt. Di–So 10–18 Uhr; Besichtigung der Wohnräume des Kronprinzenpaares Mo–So 10, 12, 14 und 16 Uhr | **Tipp** Unweit vom Schloss stehen zwei kunstvoll beschnittene Buchen. Die kleinere stellt einen Elefanten dar. Ihre Stämme voll teils kyrillischer Schnitzereien legen beredtes Zeugnis davon ab, dass hier zu Sowjetarmeezeiten ein reger Liebespärchenbetrieb herrschte.

49_Das Karl-Marx-Werk

»Kollege! Immer denk daran ...«

»... Deine Arbeit dem Fünfjahresplan!« steht noch an einem der wenigen verbliebenen Gebäude des Karl-Marx-Werkes. Die Industrieanlagen hatten eine wechselhafte Geschichte hinter sich, als 1992 ihr Ende kam. Ursprünglich war es die Maschinenfabrik Orenstein & Koppel, die hier auf einem 78.000 Quadratmeter großen Grundstück Feldbahn-Dampfloks für die Landwirtschaft und das Militär, ab 1930 auch Diesellokomotiven baute. Das heraufziehende Nazireich brachte das Ende für Orenstein & Koppel. 1934 bis 1936 drängte der braune Wirtschaftsideologe Heinrich Hunke jüdische Vorstandsmitglieder, auch Benno Orensteins Sohn und Nachfolger Alfred, aus der Firma. Als »Deutsches Unternehmen« wurde Orenstein & Koppel 1941 von der Dortmunder Hoesch AG übernommen, welche die Lokomotivproduktion mit Zwangsarbeitern fortsetzte.

Nach Kriegsende lief der Werksbetrieb zunächst auf Sparflamme weiter, ab 1947 wurden Lokomotiven für die Sowjetunion gebaut, als Germanskaja reparazia (Deutsche Reparationsleistung). 1948 wurde der VEB Lokomotivbau »Karl Marx« (LKM) in die VVB LOWA (Vereinigung Volkseigener Betriebe des Lokomotiv- und Waggonbaus) eingegliedert. Die letzte Lokomotive wurde 1976 ausgeliefert. Bis 1992 wurden unter wechselnden Firmenbezeichnungen Autodrehkrane und Klimaanlagen produziert. Dann schloss Potsdams bedeutendster Großbetrieb für immer seine Tore.

Nach der Abwicklung und Umwandlung des Werksgeländes in einen Industriepark verschwanden fast alle ehemaligen LKM-Gebäude, ausgenommen die von der Medienstadt II genutzten Hallen und der Überrest des alten Lokschuppens, wegen seiner Form »Zirkus« genannt. Er steht aufgrund seiner filigranen Tragwerkskonstruktionen unter Denkmalschutz, ist jedoch von Einsturz und Abriss bedroht. 2007 war er Kulisse für den Spielfilm »The International«. Zimmerleute des Studios Babelsberg bauten ein Treppenhausdetail des New Yorker Guggenheim-Museums nach.

Adresse Wetzlarer Straße 86, 14482 Potsdam | **ÖPNV** Bus 601, 690, Haltestelle Katjes | **Öffnungszeiten** durch Löcher in der Wand und die großen Türen einzusehen | **Tipp** Das Gebäude des Restaurants »Kartoffel-Pub«, Großbeerenstraße 107, 14482 Potsdam, war ein Wachgebäude des Zwangsarbeiterlagers auf dem Gelände der Firma Frieseke und Höpfner, wo sich Baracken für 800 Zwangsarbeiter befanden. Ein Teil von ihnen arbeitete in der arisierten Lokfabrik.

50__Das Kiepenheuerhaus

Klopf, klopf, klopf – tolles Buch

Verlagsstadt Potsdam? Das wäre ein ganz neues Image. Aber mit der Bezeichnung läge man gar nicht so falsch, zumindest was die Weimarer Republik betrifft. Wolfgang Tripmacker, von 1952 bis 1987 für Vertrieb, Herstellung und Gestaltung der Veröffentlichungen der DDR-Bauakademie zuständig und profunder Sachbuchautor auf dem Gebiet des Buchwesens, zählt ein halbes Dutzend große und ebenso viele kleine Verlage in dieser Zeit.

Der bekannteste und literarisch bedeutsamste war der Gustav Kiepenheuer Verlag, der von 1919 bis 1928 in der ehemaligen Victoriastraße, der jetzigen Geschwister-Scholl-Straße 59, seinen Sitz hatte. Obwohl bereits seit 1908 in Weimar erfolgreich, begann in Potsdam die 15 Jahre während »große« Zeit des Verlages. Gustav Kiepenheuer hatte ein herausragendes Gespür für gute und gewinnbringende Autoren. Glaubt man Ernst Rowohlt, so wusste sein Kollege schon Bescheid, wenn er mit einem Manuskript nur an seinen Kopf klopfte.

Seine Auswahl gab ihm recht. Neben einigen Klassikern verlegte er viele Große seiner Zeit, von Bertolt Brecht, Lion Feuchtwanger, André Gide über Hans Henny Jahnn, Georg Kaiser, Joachim Ringelnatz bis hin zu H. G. Wells, Carl Zuckmayer und Arnold Zweig. Im »Kunstblatt« waren alle namhaften avantgardistischen Künstler der Zeit vertreten; auch Monografien kamen heraus, etwa über Paul Klee und Oskar Kokoschka.

1922 erschien Bertolt Brechts »Baal« bei Gustav Kiepenheuer, dann alle seine weiteren Werke bis zu seiner Emigration. Umsatzbringender Hauptautor wurde jedoch Arnold Zweig. »Der Streit um den Sergeanten Grischa« war mit 300.000 Exemplaren der unübertroffene Verkaufsrenner des Gustav Kiepenheuer Verlags. Kurt Tucholsky vermutete bei seiner Besprechung in der »Weltbühne«, dass dieses Buch »wahrscheinlich mehr Menschen zum Nachdenken über das Wesen des Krieges« bringen werde »als alle Propagandaaufsätze«.

Adresse Geschwister-Scholl-Straße 59, 14471 Potsdam | **ÖPNV** Bus 605, 606, 610, Haltestelle Schloss Charlottenhof | **Öffnungszeiten** nur Straßenansicht, da privat | **Tipp** Nur drei Gehminuten entfernt liegt die ehemalige Fasanerie im Park Sanssouci, wo Gustav Kiepenheuers erste Frau Irmgard nach der Trennung mit einem Exmitarbeiter Kiepenheuers den Müller-I. Kiepenheuer Verlag betrieb.

51 Der Kindermannsee

See der Nachhaltigkeit

Noch immer ist der Park Babelsberg ein Eldorado für Entdecker, auch wenn bereits vieles wiederhergestellt wurde. Zu den Relikten der einstigen Parkgestaltung, deren Bedeutung sich nicht auf den ersten Blick erschließt, zählt der Kindermannsee. Er liegt zwischen dem Havelhaus – einem einstigen Pförtnerhaus im Tudorstil (Kamine!) – und dem Flatowturm, für den der Eschenheimer Turm in Frankfurt am Main Pate stand. Der Kindermannsee verlandet seit 1939, als das künstliche Bewässerungssystem des Parks, gespeist vom Maschinenhaus an der Havel, abgeschaltet wurde. Das geschichtsträchtige Wasserloch ist das letzte übrig gebliebene Parkgewässer.

Er wurde nach Otto Kindermann benannt, dem führenden Gärtner der beiden aufeinanderfolgenden Parkgestalter Peter Joseph Lenné und Hermann von Pückler-Muskau. Unter Lenné wurde das Netz von Wasserläufen und kleinen Teichen angelegt, doch die Inbetriebnahme des Dampfmaschinenhauses an der Havel und die Flutung der künstlichen Wasserfälle, des Schwarzen Meeres, Achterbeckens, Großen Sees und des Kindermannsees ließ lange auf sich warten. Damals gab es noch keine Teichfolie. Der Grund des frisch gegrabenen Kindermannsees wurde mit Tonplatten ausgekleidet, welche so lange gestampft wurden, bis alles dicht war.

Wie gut damals gearbeitet wurde, zeigt sich auch heute noch, gut 150 Jahre nach dem Teichbau. Zwar haben Gräser, Röhricht und Krautbewuchs ein Gutteil der früheren Wasserfläche erobert, doch das Regenwasser staut sich nach wie vor über der Tonschicht. Auf Trampelpfaden kann man sich der morastigen Uferzone nähern, um zu hören, wie sich Kröte und Grille Gute Nacht sagen. Nur der Lärm der nahen Schnellstraße und einer Schuttzerkleinerung trübt die Idylle. Irgendwann sollen die Wasserläufe und Teiche wieder geflutet werden. Aber bis dahin werden noch etliche Binsen ins Wasser gehen.

Adresse Park Babelsberg, 14482 Potsdam | **ÖPNV** Bus 694, Haltestelle Schloss Babelsberg | **Öffnungszeiten** Mo–So 8.30 Uhr bis zur Dämmerung | **Tipp** Der Wasserfall des trockenen Großen Sees im südlichen Parkteil ist etwas Besonderes; hier kann man durch zwei hohle Steingassen aufwärtsklettern.

52 Das Komma

Ohne, Sinn. Oder?

Friedrich der Große war bekannt für seinen Humor. Daher nimmt es nicht wunder, dass er sein geliebtes Sommerschloss mit einer gartenseitigen Inschrift unterm Giebel versah: Sans, Souci. In Worten: Sans Komma Souci Punkt. Absurd, dass ein König sein Schloss beschriftet, aber dann auch noch mit sinnentstellender Interpunktion.

Keineswegs ohne Sinn war das, meint der Kulturwissenschaftler Heinz Dieter Kittsteiner in seiner Untersuchung »Das Komma von Sans, Souci«. Die faden Thesen, dass es sich bei dem Komma um ein Trennungs- oder Betonungszeichen handele, werden kurz erwähnt, bevor Kittsteiner tiefer einsteigt und nach geheimen Bedeutungen sucht. Zur Einstimmung demontiert er den berühmten Rätsel-Wortwechsel Friedrichs und Voltaires (»a sous p à cent sous six – Zum Souper nach Sanssouci«): schlecht erfunden, weil six nicht si ausgesprochen wird, sondern sis, und Sanssoucis heißt's ja nicht.

Seine kryptografischen Erkundungen führen erst zum Komma als dem verhassten Vater, dem Calvinisten. Der Punkt könnte für den Deisten Friedrich stehen: Ohne Calvinistenvater Deist Punkt. Das ist aber nur durch Zusatzmutmaßungen gestützt. Kurzweiliger ist die finale Deutung: Nach einem Bericht eines konsultierten auswärtigen Arztes wurde Friedrich einst unsachgemäß gegen Syphilis behandelt, wodurch ein Schaden entstand, dem man durch eine (nicht näher spezifizierte) Operation am seinerzeit kronprinzlichen Geschlechtsteil begegnete.

Friedrich fühlte sich seither angeblich kastriert und vermied jeden intimen Verkehr mit Frauen. Dies sei der Grund für den lebenslangen Verbleib im »Kloster Sanssouci«. Hiernach stünde das Komma also für des Königs Penis: »Ohne Stab Sorge Punktum«. Hm. Da möchte man zuletzt doch kurz daran erinnern, dass es damals noch keine Regeln für die Rechtschreibung und Zeichensetzung gab. Der Vorhang fällt – und alle Fragen offen.

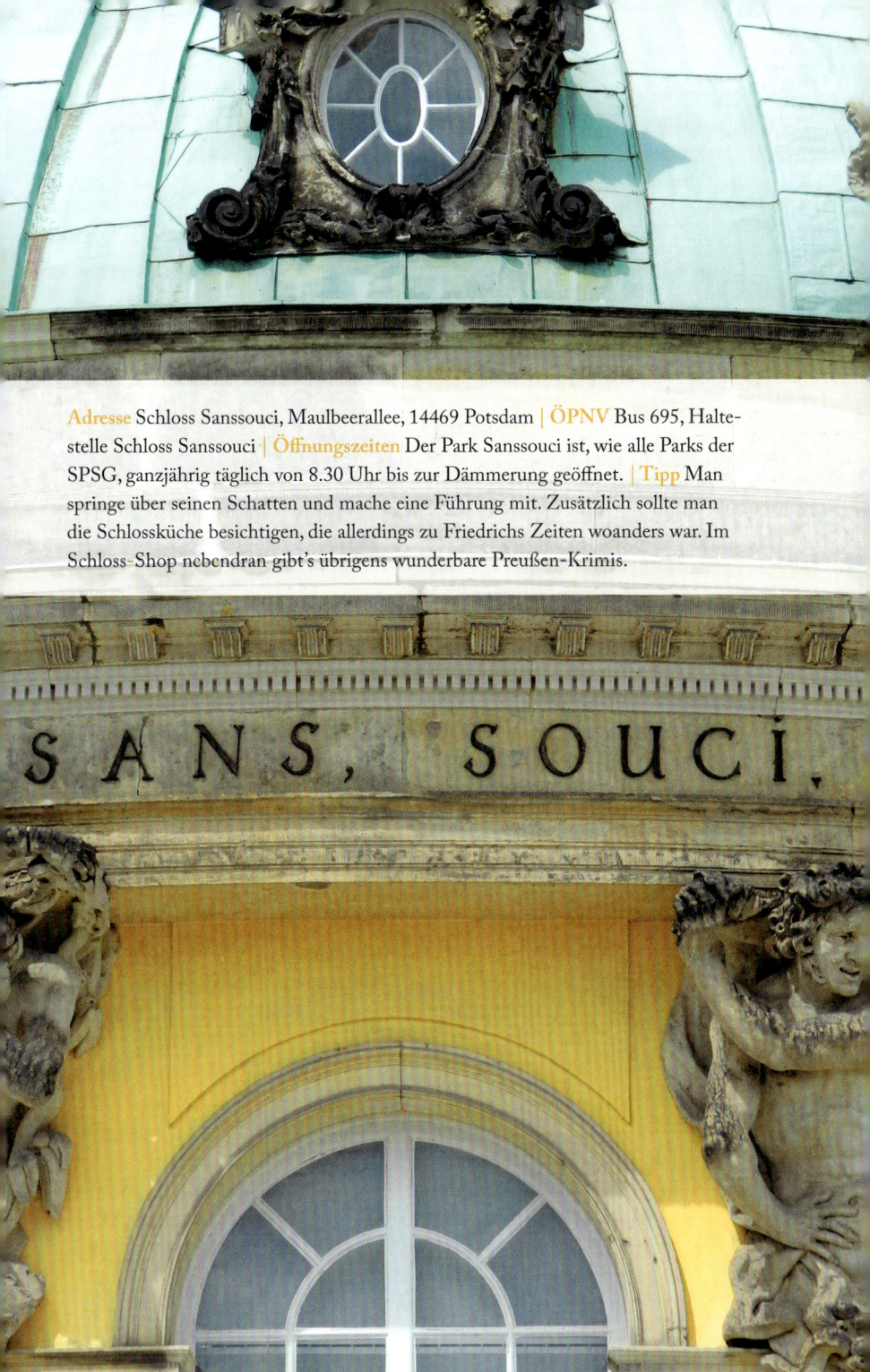

Adresse Schloss Sanssouci, Maulbeerallee, 14469 Potsdam | **ÖPNV** Bus 695, Halte-stelle Schloss Sanssouci | **Öffnungszeiten** Der Park Sanssouci ist, wie alle Parks der SPSG, ganzjährig täglich von 8.30 Uhr bis zur Dämmerung geöffnet. | **Tipp** Man springe über seinen Schatten und mache eine Führung mit. Zusätzlich sollte man die Schlossküche besichtigen, die allerdings zu Friedrichs Zeiten woanders war. Im Schloss-Shop nebendran gibt's übrigens wunderbare Preußen-Krimis.

53 Der Königswall

Lost in Bronzezeit

Der Königswall im Naturschutzgebiet Königswald in der Nähe von Sacrow wird im Volksmund auch Räuberschanze oder Schwedenschanze genannt. Die Befestigungsanlage stammt aus der Zeit von 1000 bis 500 v. Chr.: der Bronzezeit. Später wurde sie vom 7. bis zum Anfang des 13. Jahrhunderts n. Chr. als slawische Burg genutzt.

Überrest der imposanten Befestigungsanlage ist ein gewaltiger Ringwall. Das seit 1956 unter strengem Denkmalschutz stehende Bodendenkmal wurde erstmalig 1881 und dann in den Jahren 1908 bis 1910 mit archäologischen Methoden untersucht. Die Freilegung eines bronzezeitlichen Pfostenhauses und die Untersuchung der Wallanlage erbrachten zahlreiche Fundstücke.

Wer sich auf den Weg macht, der muss über ein gutes Orientierungsvermögen verfügen. Man kann versuchen, sich an der topografischen Karte zu orientieren. Sicherer ist ein GPS-Gerät. Trügerisch gleichen sich die Waldwegkreuzungen, und nachdem man dreimal am selben Fleck gelandet ist, möchte man es aufgeben. Es scheint, als ob ein uralter Zauber den gewaltigen Hügel vor Entdeckung schützt. Dann aber steht man plötzlich doch davor.

Hat man ihn schnaufend erklettert, umfängt einen majestätische Ruhe und Erhabenheit. Man kann einmal auf dem Erdring um den vorzeitlichen Siedlungsplatz herumlaufen und sich dabei vorstellen, einst hier in der Wildnis gehaust zu haben. Jeder, der schon ein Loch im Garten gegraben hat, weiß, was es heißt, auch nur ein Erdbeerhochbeet anzulegen. Wer jedoch den Aushub sieht, der sich hier noch nach 3.000 Jahren sicht- und ersteigbar auftürmt, der mag es kaum glauben, was die kleinen bronzezeitlichen Menschen ohne Schippe aus dem Baumarkt zuwege brachten. Obendrauf kam noch eine hohe Palisade, von der aus sie eine noch viel schönere Aussicht hatten als der heutige Besucher. Dafür gibt es heute hier keine Wölfe und keine Bären mehr, was unbestritten auch ein Vorzug ist.

Adresse Königswald, 14469 Potsdam | **ÖPNV** Bus 609, 638, 639, Haltestelle Römer-schanze; einfach geradeaus in den Wald gehen, dann GPS-Gerät einschalten: Länge 52°26'30.60"N; Breite 13° 3'45.13"E | **Tipp** In unmittelbarer Nähe befindet sich auf einem kleineren Hügel der zweite Mirenturm. Wem der dichte Wald zu unheimlich wird, der schaue sich die tausendjährige Eiche in Sacrow an: Als sie keimte, lebten noch Slawen auf dem Königswall.

54 Das Kosmosmosaik

Gagarin in kleinen Stückchen

Da, wo einst das Glockenspiel der Garnisonkirche verlangte: »Üb immer Treu und Redlichkeit!« (heute zu hören im offenen Glockenturm ein paar Meter weiter im Park) arbeitet seit 1971 das Potsdamer Rechenzentrum. Das Architektenkollektiv Sepp Weber hat es ursprünglich für den VEB »Maschinelles Rechnen« errichtet. Dabei wurde das Gelände der früheren Garnisonkirche zum Teil überbaut. Seit 2009 ist es Sitz des zentralen IT-Dienstleisters der Landesverwaltung Brandenburg (ZIT BB) mit seinen Großrechnern.

Blickfang am kubischen Gebäude sind die 13 Mosaike. Eröffnet wird der Bilderzug in der Breiten Straße mit einem Wort von Karl Marx: »Je weniger Zeit die Gesellschaft bedarf um Weizen, Vieh etc. zu produzieren, desto mehr Zeit gewinnt sie zu anderer Produktion, materieller oder geistiger.« Es folgt der strahlende Siegeszug der sowjetischen Wissenschaft und Technik. Die Schlusssteinchen neben dem Eingang in der Dortustraße zeigen ein Wort von Albert Einstein: »E = mc2«.

Fritz Eisel (1929–2010), ein Lauterbacher Künstler, der in Weimar, Dresden und Leningrad studierte, war vom Sieg des Kommunismus überzeugt, als er 1971 das 13-teilige Mosaik »Der Mensch bezwingt den Kosmos« schuf. Warum er zuließ, dass zwei Panels falsch montiert wurden, sodass Alexei Leonow vor einem verhackstückten Erdrund trudelt, weiß keiner.

Jetzt soll das Rechenzentrum einer rekonstruierten Garnisonkirche und einem rekonstruierten Langen Stall weichen. Doch dazu ist es dem Land noch mindestens bis 2017 zu viel wert: Ohne die Server, die hier laufen, würde auch Brandenburg zerbrechen. Über die Garnisonkirche werde innerhalb der Stadtgemeinschaft sicher noch intensiv diskutiert, meinte der Oberbürgermeister im Interview. Doch am Ende »werden es alle gut finden und massenhaft dort hinpilgern«. Die denkmalgeschützten Mosaiken Eisels werden freilich erhalten bleiben müssen. Wer weiß, vielleicht ja als Altarbilder einer neu-alten Garnisonkirche?

Adresse Dortustraße 46, 14467 Potsdam | ÖPNV Tram 91, 92, 93, 96, 98, 99, Halte-
stelle Alter Markt/Landtag | Tipp Im Nikolaisaal, Wilhelm-Staab-Straße 10–11,
bekommt man eine Vorstellung davon, was musikalische Hochkultur ist.

55 Der Kreml

Sozialistischer Einheitsbrei

Auch den Krieg muss man lernen. Dazu hat es früher Kriegsschulen gegeben, in denen ausnahmslos Offiziere den nötigen geistigen Dünnschliff erhielten, um den Druck von oben unbeschadet nach unten weitergeben zu können. Als die alte »Junkerschule« (zuletzt in der Waisenstraße 30–24) den räumlichen und ausstattungsmäßigen Anforderungen zur Ausbildung einer rapide wachsenden militärischen Führungsriege nicht mehr genügte, wurde unter Kaiser Wilhelm II. am Brauhausberg eine neue geplant und gebaut.

Bei der Einweihung 1902 war man entsetzt: Der Klotz verschandelte ganz Potsdam. Ein eklektizistischer, keinem bestimmten Stil gehorchender Monumentalbau mit einem disproportional darangesetzten Riesenturm war entstanden. Auch die englischen Colleges nachempfundene Fachwerkeinlage im Cottagestil und die Zwiebelkuppeln des Kommandeurhauses begriff keiner. Als Deutschland nach dem Versailler Vertrag 1919 keine Offiziere mehr auszubilden brauchte, weil es kein Militär mehr haben durfte, zog das Reichs- und Heeresarchiv ein. Man versachlichte und verschlichtete den Bau. Warum nun nannten die Potsdamer das Gebäude zuletzt den »Kreml«? Man betrachte die Wand des Turmes aufmerksam. Eine gestauchte Ellipse zeigt sich. Buchstaben formieren sich ringsum: Sozialistischer Einheitsbrei Deutschlands – pardon: natürlich stand da Einheitspartei! Und in der Mitte waren zwei verschmolzene Arbeiterfäuste zu sehen. Bis 1991 saß hier die Bezirkszentrale der SED.

Aber warum nannten die Potsdamer das Haus den »Kreml«? Na, weil die DDR doch von Väterchen Russland ferngesteuert wurde! Erst 1995 zogen die einstigen Besatzer ab. Die Russen waren immer bloß im Politjargon die Freunde, richtige Freundschaften waren selten. Gulaschkanonenbilder bei Straßenfesten – ja, sowas gab's. Es war jedoch den Russen (vor allem den höheren Rängen) sogar verboten, private Kontakte zu Deutschen zu pflegen.

Adresse Am Havelblick 4, 14473 Potsdam | **ÖPNV** Bus 693, Haltestelle Schwimmhalle | **Tipp** Nicht nur die Potsdamer Russen kaufen gern im russischen Prima Markt, Am Kanal 50, 14467 Potsdam – vom russischen Bier über Tintenfischchips bis zum Kaviar im gesicherten Klimaschrank."

56 Der Küchentunnel

Röhre für Kaiser Wilhelms Heinzelmännchen

Preußische Könige und Kaiser aßen gern und gut. Damit die Qualität stimmte, waren Köche aus aller Welt in Potsdam und Babelsberg tätig. Eine unerlässliche Grundbedingung für eine funktionierende höfische Gastronomie war ein absolut unauffälliger und schneller Service. Weder der Monarch noch seine Gäste wollten viel von dem Lärm, den Dünsten, dem Rauch und dem Gewusel des Küchenpersonals mitbekommen oder gar Schüssel- und Tablettträger über die Parkwege stolpern sehen. Anders als in Versailles, wo täglich mehrere Schauprozessionen die Mahlzeiten der französischen Könige vom Küchengebäude oberirdisch über eine öffentliche Straße hinweg ins Schloss beförderten, setzten die Preußenkönige auf heimliche, stille, leise und schnelle Bedienung.

Küchentunnel zwischen Küchengebäude und Speiseräumen erfüllten gleich mehrere Zwecke. Sie stellten sicher, dass die Wege kurz waren und die Speisen noch warm auf den Tisch kamen. Sie ermöglichten lautlosen und unsichtbaren Speisentransport und garantierten eine gewisse Sicherheit – Unbefugte hatten es schwerer, sich in die königliche oder kaiserliche Nahrungskette einzuschleichen und etwa eine Giftladung unter eine Wärmeglocke zu schmuggeln.

In Sanssouci lag die Küche schon zu Friedrichs Zeiten im Schloss, ebenso im Stadtschloss. Einen Küchentunnel jedoch gab es bereits zu Friedrichs Zeiten zwischen der Küche im linken Gebäude der Communs und dem Neuen Palais. Friedrich Wilhelm II. ließ einen Tunnel zwischen der Tempelruinenküche und dem Marmorpalais im Neuen Garten anlegen. Auch Prinz Wilhelm bekam seinen mittelalterlichen unterirdischen Gang zwischen Schloss und Küchenhaus. Durch diesen wurde im Winter auch das aus 25 Meter Tiefe heraufbeförderte Trinkwasser ins Küchengebäude getragen. Rechts vom Weg vor dem Denkmal für die Niederschlagung des badischen Aufstands 1849 kann man zwei Luftschächte des Tunnels sehen.

Adresse Park Babelsberg, 14482 Potsdam | ÖPNV Bus 694, Haltestelle Schloss Babelsberg | Öffnungszeiten Park Mo–So 8.30 Uhr bis zur Dämmerung geöffnet; das Küchengebäude ist nicht zu besichtigen | Tipp Der stochernde Erzengel ein paar Schritte weiter erinnert an die blutige Niederschlagung des Aufstandes in Baden 1849, für welche der spätere Kaiser Wilhelm I. verantwortlich war.

57_Die Kulissen

… oder besser: Hinter den Kulissen

Auch die Babelsberger Filmwelt braucht ständig mehr Platz. Man steht in Konkurrenz mit München, wo die Bavaria Filmstudios seit Jahren unentwegt aufrüsten. Der Freistaat Bayern stellt einfach mal zehn Millionen Euro für eine neue Filmhalle bereit. In Babelsberg backt man dagegen kleinere Brötchen und sucht ständig nach bezahlbaren Erweiterungsmöglichkeiten. Ein Gutachten, das die Stadt Ende 2010 in Auftrag gegeben hatte, sah für das Studio einen zusätzlichen Flächenbedarf von 30.000 Quadratmetern vor.

Damit große Filmproduktionen weiterhin Platz finden, wurde selbst eine Auslagerung von Teilen der Studios auf das Areal des Berliner Flughafens Tempelhof erwogen. 2008 war es fast schon beschlossene Sache. Doch in letzter Sekunde zog Berlins Regierender Bürgermeister Klaus Wowereit (SPD) für Tempelhof die Modemesse »Bread and Butter« vor. Zum Glück, kann man, von heute aus betrachtet, sagen.

Der Druck wuchs, denn die Zeit für die berühmte Außenkulisse »Berliner Straße« des Studios Babelsberg an der Marlene-Dietrich-Allee lief Ende 2012 buchstäblich ab. Die Kulisse stand auf einem als Wohn-Mischgebiet ausgewiesenen Gelände, das außerdem dem seinerseits auf Erweiterung drängenden Filmpark gehört.

Für die sogenannte Medienstadt II in Babelsberg zwischen Großbeerenstraße, Ahornstraße und Grünstraße für Nutzer aus der Medienbranche gründete sich schließlich die Medieninvest Babelsberg GmbH mit dem Ziel der Erweiterung der Medienstadt. Hauptnutzer sind die Studios Babelsberg, die Teile der Flächen bereits zuvor von der MaxiMum-Gruppe gemietet hatten – einem Maschinenbau-Nachfolgeunternehmen auf dem Gelände des Karl-Marx-Werkes.

Die Außenkulisse Berliner Straße steht nun auf dem Hauptgelände an der Stahnsdorfer Straße. Für weitere Außenkulissen jedoch liefert die Medienstadterweiterung Neue Film 1 und Neue Film 2 endlich ausreichend Ausbreitungsmöglichkeiten.

Adresse Ahornstraße 29, 14482 Potsdam, den Kulissenblick hat man von außerhalb, vom Ende der Wetzlarer Straße | **ÖPNV** Bus 601, 618, 619, 690, Haltestelle Medienstadt Babelsberg | **Tipp** Von der Marlene-Dietrich-Allee aus sieht man weitere Kulissen. Wer den Halt verlieren will, besucht den 3-D-»Dome« im benachbarten Filmpark.

58__Das Kulturhaus

Den Kapitalismus in seinem Lauf …

Das Haus hat eine bewegte Geschichte hinter sich. Zwischen dem Alten Rathaus und dem Knobelsdorffhaus war früher das Windelband'sche Haus eingeklemmt. Der letzte Weltkrieg ließ nur ein paar Fassadenbrocken der Flankierungsbauten übrig.

In der Frühphase der SED-Diktatur besaß man noch die Chuzpe, an exponierten Objekten Wiederaufbau und Neubau zu kombinieren. So rekonstruierten die Architekten Pfrogner, Görl und Rathaus (sic!) die barocken Fassaden von Knobelsdorffhaus und Rathaus und setzten dazwischen ein lichtes Glasentree. Ein durchgängiger rückwärtiger Neubau wurde zum Kulturhaus »Hans Marchwitza«, das somit (wie auch das Berliner Staatsratsgebäude mit dem nachgebildeten Karl-Liebknecht-Portal des Berliner Schlosses) ein Prototyp (p)ostmoderner Architektur war: sachliche Verbindung von historischem Zitat mit modernem Inhalt.

Hans Marchwitza war ein stark geförderter Schriftsteller aus dem Arbeitermilieu. Fortan stand sein Name in Potsdam nun aber vor allem für Tanz und Zeitvertreib. Im Haus befanden sich ein Theatersaal mit 250 Plätzen sowie ein Restaurant mit 125 Plätzen. Es gab einen standesamtlichen Festraum mit (auf Anfrage auch zu besichtigendem) Bildteppich von Inge Götze. Die monatlich stattfindenden Kunstgespräche im Foyer stellten sicher, dass das Haus den SED-Auftrag eines gelenkten »höheren« Kulturlebens erfüllte.

Das Wandbild von Staatskünstler Werner Nerlich von 1966 trägt den Titel »Potsdamer Alltag«. Im Treppenhaus hängt es, versteckt hinter einem hässlichen Gitter. Fast scheint es, als hätte man es bloß wegen der Denkmalschutzauflagen unzerstört gelassen. Der »Potsdamer Alltag« zeigt den vorgestrigen SED-Traum von einem imaginären DDR-Rokoko. Antiker Körperkult, eine Mohrin, ein Pudel, Friedenstauben und Zitate aus der preußischen Parkwelt. Keine Arbeit, nur Müßiggang. Eigentlich doch keine schlechte Vorstellung?

Adresse Am Alten Markt 9, 14467 Potsdam; Zugang durch Treppenhaus des Potsdam Museums | **ÖPNV** Tram 91, 92, 93, 96, 98, 99; Bus 603, 605, 609, 631, 638, 639, 695, Haltestelle Alter Markt/Landtag | **Öffnungszeiten** Di, Mi, Fr 10–17 Uhr, Do 10–19 Uhr, Sa, So, Feiertage 10–18 Uhr | **Tipp** Die historischen Betonsäulen im Raum gehörten auch zum ehemaligen Kulturhauscafé: Hedwig Bollhagen hat sie einst mit Keramikfliesen versehen.

59__Die künstliche Schweiz

Hollaröhdullióh!

Vom Prinzen Carl, dem das Schloss Glienicke gehörte, braucht man nur zu wissen, wie sehr er Italien und Steine liebte. Dass er die Schweiz mochte, folgt daraus fast logisch, denn »Schweiz« stand damals für alle »Alpenländer«, und nach Italien musste man normalerweise über die Alpen. Außerdem bestehen die Alpen aus Stein. Sehr viel Stein. Und den liebte der Prinz.

In Potsdam gibt es nun tatsächlich einige steile Stellen. Man denke nur an das ehemalige Skisprungschanzengelände im Wildpark-West. Doch auch Babels- und Böttcherberg haben ihre Steigungen. Nur die Steine sind immer rundliche Findlinge, Geschiebe und so gar nicht alpin. Da kam dem Prinzen die Idee, einfach die fehlenden Felsen aufmauern zu lassen. Reste der alpinen Kulisse sind noch vorhanden und werden denkmalpflegerisch geschützt. Damals soll es, laut Erklärungstafel, »schroff ausgebildete Felszinnen« und »den Eingang des Seitentals markierende Felsabbrüche« gegeben haben.

Wenn sich nun Prinz Carl mit Bruder Wilhelm treffen wollte, dann lud er ihn meist in seine auf halbem Wege gelegene künstliche Schweiz ein. Auf dem Plateau des Böttcherberges, der im Übrigen heute vor allem durch die Kombination uralter Eichen und riesiger Findlinge fasziniert, hatten sie damals – als noch alles schön ausgehauen war – herrliche Ausblicke auf Havelseen, Babelsberg und Potsdam. Jetzt steht man oben nur im Wald.

Im Tal, an der Grenze zum brüderlichen Babelsgebirge, ließ Carl durch den Bau der Schweizerhäuser zwischen 1863 und 1867 die Illusion weiter unterstützen. Damals floss dort auch noch ein mehr oder minder reißender Gebirgsbach. Heute ist vor den teils liebevoll wiederhergestellten Schweizerhäusern nurmehr ein feuchter Graben zu erahnen. Zum Beginn der Bergwanderung ist die kleine Kapelle neben dem Friedhof der schönste Ausgangspunkt. Hier begrüßen süße Lamas die Berg- und Talwanderer.

Adresse Am Böttcherberg 8, 14482 Potsdam | ÖPNV Bus 694, Haltestelle Schloss Babelsberg, dann Berg- und Talwanderung | Tipp Nach dem Almabtrieb sitzt und trinkt es sich zünftig im »Bürgershof«, Potsdams schönstem und traditionsreichstem Biergarten direkt an der Havel, Waldmüllerstraße 4. Ein alter Saal ist noch vorhanden.

60 Das Landtagsschloss

»Ceci n'est pas un château«

Der letzte Großangriff der Royal Air Force auf eine deutsche Stadt traf am 14. April 1945 Potsdam. 500 Bomberpiloten töteten bei ihrem Angriff fast 4.000 Menschen. Das Stadtschloss von 1701 war danach Ruine. Die Trümmer wurden langsam abgetragen und für Aufschüttungen im Lustgartengelände verwendet. Ohne auf Bürgerproteste und die Wünsche nach Rettung einzugehen, hatte die Stadtverordnetenversammlung 1959 den Abriss beschlossen, um die »Brutstätte« des Feudalismus zu beseitigen und Platz für eine neue kulturelle Mitte zu schaffen. Auf ein neues Stadtzentrum warten die Potsdamer jedoch seither vergeblich. Ein in den Achtzigern begonnener Theaterbau kam nicht zum Abschluss. 1991 wurde das bereits Gebaute wieder abgerissen.

Neupotsdamer Günther Jauch setzte mit der zu weiten Teilen selbst finanzierten Rekonstruktion des Fortunaportals ein jedermann begreifbares Zeichen in Richtung Stadtschlosswiederaufbau. Lange stand Jean de Bodts wiedererstandener kleiner Bau mit seiner drehbar gelagerten Fortunafigur aus vergoldetem Kupferblech obendrauf allein im Wind vor der Schlossbrache. Erst 2010 war die Windrichtung klar. Es begann der Wiederaufbau auf der historischen Fläche durch den niederländischen Baukonzern BAM, der rund 120 Millionen Euro dabei verdiente. 20 Millionen Euro Mehrausgaben für die historische, vor den Beton gehängte Fassade wurden vom SAP-Gründer und Software-Milliardär Hasso Plattner gespendet.

Auf der Seite zum Filmmuseum hin steht: »Dies ist kein Schloss« – auf Französisch, weil der Spruch (auf einem Umweg über das Gemälde René Magrittes: »Dies ist keine Pfeife«) auf eine Erzählung von Denis Diderot zurückgeht: »Dies ist keine Erzählung.«: – »Ceci n'est pas un conte.« Auf der Fortunaportalseite am aufgestockten linken Flügel sind gerettete Ruinensäulen als Falsifikationszertifikat in die makellose Hülle eingefügt.

Adresse Am Alten Markt 1, 14467 Potsdam | **ÖPNV** Tram 91, 92, 93, 96, 98, 99; Bus 603, 605, 609, 631, 638, 639, 695, Haltestelle Alter Markt/Landtag | **Öffnungszeiten** Der Landtagsinnenhof, das Knobelsdorff-Treppenhaus, das Foyer mit einem interaktiven Gebäudemodell und einer Cafeteria sowie das Landtagsrestaurant und die Dachterrasse sind Mo–Fr 8–18 Uhr ohne Voranmeldung öffentlich zugänglich. | **Tipp** Nebenan entsteht der Barberini-Palast, künftiges Museum mit Hasso Plattners Kunstsammlung, der das Ding auch bezahlt.

61 Die Laubengänge

Beim ruhigsten aller Preußenschlösser

Die Laubengänge beim Schloss Lindstedt sind das Ergebnis langjähriger gärtnerischer Hege und Pflege. Behutsam mussten Gärtnerinnen und Gärtner die Hainbuchenäste dazu überreden, sich an hohen Gerüstbögen emporzuhangeln. Manchmal ging das nicht ganz ohne Astfesseln. Beim regelmäßigen Rückschnitt durften nicht zu viele Löcher entstehen, denn totes Geäst beeinträchtigt die Wirkung eines Laubenganges. Wenn das Kunststück gelingt – und die Lindstedter Laubengänge sind hier ein düster-lauschiges Beispiel –, ist das Pläsier aller galanten Parkwandlerpärchen groß. Laubengänge sind für das intime, blick- und sonnengeschützte Stelldichein gemacht. Der sieche König Friedrich Wilhelm IV. fand dort leider nur noch einen Vorgeschmack von Schattenreich und Tod.

Schloss Lindstedt war von ihm 1843 bei Ludwig Persius in Auftrag gegeben worden. Es sollte zum Erholungsschloss eines vom Leben ermüdeten Königs werden. Vielleicht führte es deshalb neben den Stars der Potsdamer Gärten- und Schlösserlandschaft immer ein Schattendasein. Als die Persiusnachfolger Stüler, Hesse und Arnim 1860 mit dem grundlegenden Umbau des vormals an Ort und Stelle befindlichen Gutshauses fertig wurden, war der König bereits geistig verwirrt. Das Gebäude ist somit Zeugnis der 1861 sterbenden Epoche der theatralischen Blendarchitektur: Der Portikus, die Treppe und die Lenné'schen Laubengänge waren ganz der Außenwirkung verpflichtet.

Dr. Gerd Markert, seines Zeichens Gerichtsmediziner, restaurierte Schloss Lindstedt 1983 mit eigenen Mitteln strikt nach den Denkmalschutzvorschriften. Bis zum Umzug in den Neubau nebendran war das Gerichtsmedizinische Institut (heute: Landesinstitut für Rechtsmedizin) direkt im Schloss untergebracht. Heute liegt das Schloss im Dornröschenschlaf. Seine makellose Hülle und die privat zu mietenden Räume verlangen nach einem neuen Liebhaber mit konzeptionellen Perspektiven.

Adresse Lindstedter Chaussee, 14469 Potsdam | **ÖPNV** Bus 605, 606, 695, Haltestelle Abzweig nach Eiche | **Öffnungszeiten** Der Park ist ganzjährig täglich von 8.30 Uhr bis zur Dämmerung zugänglich. Das Schloss bleibt verschlossen. | **Tipp** Ein paar Meter entfernt liegt das Landesinstitut für Rechtsmedizin, in dessen Treppenhaus das Skelett eines Langen Kerls steht.

62 Die Lilienthalburg

Rauchende Zinnen der UFA

Die Villa Lademann heißt so nach ihrem ersten Auftraggeber und Besitzer, dem Generalleutnant, Kommandeur verschiedener Infanterie-Regimenter sowie Leiter der Kadettenanstalt Lichterfelde Oskar Lademann (1840–1930). Sein Wappen prangt noch immer an der Fassade. Doch da Otto Lilienthals Bruder Gustav (1849–1933), seines Zeichens Architekt, sie 1895 erbaute – und sie sie mit ihren Zinnen burgartig wirkt –, nannten die Potsdamer sie schlicht »Lilienthalburg«.

In Lichterfelde, wo die Fabrik der Gebrüder Lilienthal stand, machte Otto seine ersten Sprungversuche. Ein kleiner Park mit Hügel erinnert noch daran. Bruder Gustav hingegen begann in Lichterfelde als Architekt zu arbeiten. Da er auch die dortige Kadettenanstalt baute, verfiel Generaloberst Lademann auf ihn, als er einen Architekten für sein Babelsberger Wohnhaus suchte.

Gustav Lilienthal legte sich ins Zeug. Eine bautechnische Neuheit für die Lademannburg war eine Warmluftwandheizung nach römischem Vorbild. Die Heizungsschächte verliefen in den Zimmerwänden und mündeten in die äußersten Dachzinnen-Schornsteine. Der Tudorstil des Hauses passte wunderbar hierzu.

In den Dreißigern wohnten hier illustre Filmgrößen wie Heinz Rühmann, Marlene Dietrich, Hans Albers und Willy Fritsch. Die UFA hatte das Haus als Gästehaus für die Babelsberger Studios angemietet. Für Rühmann wurde es mit Sicherheit zu einer Initialzündung, was die eigenen Wohnungspläne betraf. Seine Villa Am Kleinen Wannsee 15 konnte er 1938 sehr günstig von der Witwe des verstorbenen jüdischen »Kaufhauskönigs« Adolf Jandorf erwerben. Doch bei den Kämpfen um die Reichshauptstadt im März 1945 brannte sie bis auf die Grundmauern nieder. Die Kollegen, die sich in Babelsberg eingemietet hatten (Marika Rökk etwa, heutiges Haus von Günther Lamprecht, Domstraße 28, oder Brigitte Horney), hatten es besser getroffen.

Adresse Karl-Marx-Straße 66, 14482 Potsdam | **ÖPNV** Bus 694, Haltestelle Karl-Marx-Straße/Ecke Behringstraße | **Tipp** Schräg vis-à-vis, in der Virchowstraße 3, steht die Villa des Industriellen Günther Quandt. Seine Frau Magda verließ ihn und wurde Magda Goebbels.

63__Das Lindenhotel

Ab in den Käfig, Staatsfeind!

Im 19. Jahrhundert war das »Große Holländische Haus« von 1737 zeitweilig Pferdelazarett. Politiker tauschten mit den Gäulen die Plätze, als 1809 die Stadtverordnetenversammlung einzog. 1820 verdunkelte sich die Geschichte: Das Haus wurde Stadtgericht mit neuem Gefängnisanbau. Zwar verlor es diese Funktion bald wieder an das Amtsgericht, doch aufgeschoben war nicht aufgehoben.

Die Nazis erkannten das Gebäudepotenzial und eröffneten 1935 darin das »Erbgesundheitsgericht«, wo die Zwangssterilisation aller nach dem Gesetz zur Verhütung erbkranken Nachwuchses bedrohlichen Personen verfügt wurde. 1939 kamen zusätzlich politische Untersuchungshäftlinge in den Zellentrakt. Als der Berliner Volksgerichtshof ausgebombt wurde, verlegte er seinen Sitz hierher.

Unter den Sowjets ging es nahtlos weiter. 1945 zog das Geheimdienstgefängnis des NKWD (Narodny kommissariat wnutrennich del) ein. Das Militärgericht der Besatzungsmacht sprach seine Willkürurteile über Tausende möglicher Staatsfeinde. Eines der Opfer war der Brecht-Meisterschüler Horst Bienek, der nach einer leichtsinnigen Zuarbeit für einen Westagenten in der Lindenstraße einsaß, mit psychologischer Folter drangsaliert und nach der unausweichlichen Verurteilung in einem Schauprozess wegen »antisowjetischer Hetze« und angeblicher Spionage für die USA zu 20 Jahren Zwangsarbeit verurteilt wurde. Auch Bert Brecht, der sich für ihn starkmachte, vermochte ihm nicht zu helfen. Bienek musste in einem Kohlebergwerk jenseits des Polarkreises schuften. Vier Jahre dauerte sein Gulag-Dasein, bevor er mit Glück im Zuge einer Amnestie entlassen wurde. 1955 siedelte er nach Westdeutschland über.

Die Höllengeschichte des Ortes nahm ihren Fortgang mit Prügeln und psychologischer Wasserfolter im Keller. Bis 1989 war die Lindenstraße 54/55 Stasiuntersuchungsgefängnis. Heute ist das Lindenhotel eine Gedenkstätte. Nach einem Besuch sieht man die DDR, in der es bis 1987 die Todesstrafe gab, mit anderen Augen.

Adresse Lindenstraße 54/55, 14467 Potsdam | **ÖPNV** Tram 91, 94, Haltestelle Dortustraße | **Öffnungszeiten** Di–So 10–18 Uhr | **Tipp** Das private Museumshaus »Im güldenen Arm«, Hermann-Elflein-Straße 3, bietet das erholsame Kontrastprogramm: bürgerliche und bäuerliche Gebrauchskeramik. Öffnungszeiten: Mi–So 12–18 Uhr, Eintritt frei.

64_Die Loggia Alexandra

Lotti, I miss you!

Preußenprinz Carls Lieblingsschwester war Charlotte. Sie teilte seine schöngeistigen Neigungen, war eine leidenschaftliche Leserin und hatte wie Carl eine besondere Vorliebe für die Ritterromane von Baron Friedrich de la Motte Fouqué. Namentlich Fouqués Roman »Der Zauberring« hatte es den lesefreudigen Geschwistern angetan – der »Herr der Ringe« der Ritterromantik, wenn man so will. Die Heldin in diesem Buch hieß »Blanche Fleur«, was bald auch der Kosename Charlottes in der Familie war, denn sie mochte weiße Rosen von allen Blumen am meisten.

1817 wurde Charlotte mit dem russischen Großfürsten Nikolaus verheiratet und hieß von da an Alexandra Feodorowna. 1826 stieg sie zur russischen Zarin auf. Die guten Beziehungen zu Preußen (am Zarenhof pflegte man sogar Deutsch zu sprechen) brachten eine rege Besuchskultur mit sich. Den 31. Geburtstag Alexandras am 13. Juli 1829 feierte man im Park von Sanssouci mit dem prunkvollsten aller preußischen Hoffeste. »Der Zauber der weißen Rose«, in drei Festakten, wurde in einem eigenen Bildband überliefert. Die Feier endete mit einem prächtigen Ritterturnier (Ringelstechen) vor dem Neuen Palais.

Als Alexandra 1860 starb, war Carls Trauer groß. 1862 ließ er auf dem zu seinem Landgut Glienicke gehörenden Böttcherberg eine Kaiserinnenbank errichten, zehn Jahre nach ihrem Tod und 40 Jahre nach dem legendären Fest für »Blanche Fleur« dann eine offene Halle (Loggia) als Teehaus und Belvedere. Der Berliner Bildhauer Alexander Gilli (1823–1880), des Prinzen »Hofbildhauer«, zeichnete für den Entwurf verantwortlich und lieferte auch die Vorlagen für die pompejanisch anmutende Ausmalung. Die halbkreisförmige Halle mit Marmorfußboden öffnet sich in drei von dunklen Marmorsäulen getragenen Bögen. Wie bei Schinkels Pomonatempel konnte man über ein rückwärtiges Treppenhaus aufs Dach steigen, um die Aussicht zu genießen.

Adresse Am Böttcherberg 8, 14482 Potsdam | **ÖPNV** Bus 694, Haltestelle Schloss Babelsberg, dann Berg- und Talwanderung | **Öffnungszeiten** nur von außen durch große Glasscheiben zu besichtigen; der Wald steht immer offen | **Tipp** Einmal durch den Nordostzipfel der Siedlung Klein-Glienicke zu laufen oder zu fahren, vermittelt Hochachtung für alle Anwohner, die dieses Kopfsteinpflaster bisher dauerhaft ausgehalten haben.

65 Der Loriot-Pfosten

Über sieben Brücken kannst du gehen

Als der Große Kurfürst Potsdam neben Berlin zu seiner Zweitresidenz (neben Berlin) erkor, ließ er den Italiener Philip de Chiese das Stadtschloss und den Lustgarten in niederländischer Bauart ausführen. Auch sein Enkel, der Preußenkönig Friedrich Wilhelm I. (der Soldatenkönig), schätzte die niederländische Schlicht- und Zweckmäßigkeit in Architektur und Städtebau. In zwei »barocken« Stadterweiterungen kamen bis zu seinem Tode 1740 an die 1.000 Neubauten hinzu. Der für die Entwässerung dieser Baugebiete viel zu schmale kurfürstliche Stadtgraben war nach niederländischem Vorbild von niederländischen Wasserbaumeistern verbreitert und als »Königliche Gracht« mit hölzerner Uferbefestigung schiffbar gemacht worden.

Sein Sohn Friedrich II. ließ den Holzkanal des Vaters durch einen formidablen Steinkanal ersetzen. Auch die sieben Brücken wurden versteinert. Im 20. Jahrhundert legte man den Kanal still und – nach aus Geldmangel eingestellten Versuchen der Rekonstruktion – schüttete ihn Anfang der 1960er Jahre zu. Immerhin konnte er dadurch wiedergefunden werden.

Inzwischen hat sich die Finanzlage entspannt. Heutzutage gründet man Vereine und setzt Fundraiser ein, die jedem, der Geld hat, möglichst viel aus der Tasche locken. Als der Förderverein zur Wiederherstellung des Potsdamer Stadtkanals (www.stadtkanal.potsdam.com) das erste ausgegrabene Stück wiederherrichtete, wurde auch der traditionsbewusste Humorist Bernhard-Viktor Christoph-Carl von Bülow, kurz Vicco von Bülow, kürzer Loriot, um Hilfe gebeten. Er spendete einen der 185 eisernen Geländerpfosten für das zur BUGA 2001 eingeweihte erste Kanalstück. Loriots Pfosten (40 Kilo schwer, bei der Kunstgießerei Lauchhammer gegossen zum symbolischen Preis von 2.001 DM) steht an der Ecke Dortustraße. Wer findet ihn als Erster? Tipp: Es steht »Loriot« dran. Auch einen Platzeck- und einen Jauchpfosten gilt es aufzuspüren.

Adresse Yorckstraße 6, 14467 Potsdam | ÖPNV Tram 91, 92, 96, 98, Haltestelle Platz der Einheit/West, anschließend zu Fuß | Tipp Ein vollständiger nachgegossener Glockensatz des berühmten Glockenspiels der heftig umstrittenen Garnisonkirche steht ein paar Meter weiter im Park an der Dortustraße. Hier ertönt im Stundentakt das biedere und in Monarchien immer untertanenpflegerisch gemeinte: »Üb immer Treu und Redlichkeit«.

66＿ Die Löwenvilla
Wir sprengen ihn in die Luft!

1932 zog Fritz von der Lancken mit einem Internat zur Betreuung von Jungen aus Adels- und Gutsbesitzerfamilien in die frei stehende Villa Rohn in der heutigen Gregor-Mendel-Straße, die damals noch Marienstraße hieß. Während des Zweiten Weltkrieges wurde der Oberstleutnant der Reserve Adjutant des Generals Friedrich Olbricht, dessen Stabschef 1943/44 Claus Schenk Graf von Stauffenberg war.

Als Stauffenberg und die Verschwörer des 20. Juli nach Orten für konspirative Treffen suchten, stellte von der Lancken seine Potsdamer Villa als Besprechungsort zur Verfügung. Angeblich bewahrte er sogar den Sprengstoff für das Attentat in der Wolfsschanze einige Tage in seinem Arbeitszimmer in der Löwenvilla auf, bis ein Fahrer Stauffenbergs ihn abholte. Vielleicht lagerte er den plastischen Sprengstoff (C1) aber auch in seiner Dienststelle. Am Tag des Umsturzversuchs war von der Lancken im Berliner Bendlerblock. Am 29. September 1944 verurteilte ihn Georg Freisler zum Tode. Fritz von der Lancken wurde noch am selben Tag in Berlin-Plötzensee hingerichtet.

Seine Frau und seine drei Töchter wohnten bis 1952 im Haus, bevor sie nach Berlin zogen. Die Villa wurde Gästehaus der Pädagogischen Hochschule Potsdam. Seit 1987 steht sie auf der Potsdamer Denkmalliste. Immer wieder einmal wird sie (oder der herrliche Garten) zur hochdotierten Filmkulisse, etwa bei »Ein Sommer in Paris« mit Potsdamerin Nicole Heesters und Anica Dobra. Nicole Heesters Vater Johannes Heesters hatte schon 1994 dort vor der Kamera gestanden – mit Thomas Kretschmann in »Tödliche Besessenheit«.

Auch für den packenden Thriller »Valkyrie« (2008) wurde mehrere Tage hier am Originalschauplatz gedreht. Kleine Unrichtigkeiten muss man verzeihen: Großes Kino hat mit einer historischen Doktorarbeit nichts zu tun. Dennoch war es bedauerlich, dass Fritz von der Lancken keine Rolle im Skript hatte.

Adresse Gregor-Mendel-Straße 26, 14469 Potsdam | **ÖPNV** Bus 609, 638, 639, 692, 695, Haltestelle Jägertor/Justizzentrum | **Tipp** Am Justizzentrum erinnert ein »Frauenort« an die Seidenspinnerin Anne Marie Baral (1728–1805), die im Großen Jägerhof lebte; www.frauenorte-brandenburg.de.

67 Die Marienquelle

Verschönerung vorerst gescheitert

Das Land am Templiner See gefiel König Friedrich Wilhelm IV. so sehr, dass er es 1842 kaufte. Sein Architekt August Stüler sollte es weiter verschönern. Was der König auch andernorts so faszinierend fand – ein sich den Hang hinab ergießender Springquell –, nahm auf dem Papier Gestalt an. 1847 und 1849 wurde die Uferstraße befestigt – von Nowaweser Webern, die sich aus Armut zu allem einsetzen ließen. Die großen Projekte Pfingstberg und Orangerie hatten Vorrang. So stagnierte die Umsetzung.

Die Quellen der Abhänge inspirierten den »Romantiker« jedoch weiterhin. Hier in den Bergen der Potsdamer Heide wollte der König nun wenigstens seiner Jerusalembegeisterung Ausdruck verleihen. 1852 beauftragte er Stüler damit, die Templiner Quelle als Wildtränke einzufassen. Tiefgläubig, wie er nun mal war, wünschte sich der König so etwas wie das Grab der Maria im Jerusalemer Kidrontal. Da dieses nach den Kreuzzügen frühgotisch verblendet worden war, mussten auch bei der Potsdamer Quellenfassung gotische Elemente vorkommen. Friedrich Wilhelm IV. ließ statt der vom Architekten geplanten Abschrägung zur Vergrößerung der Tiefenwirkung eine breite Schauwand bauen. Auch wählte er farbigere Ziegel, als im Entwurf vorgesehen waren.

Kurz vorm Caputher Ortseingang siecht die früher sprudelnde Quelle faulig dahin. Entengrütze bedeckt die trübe Brühe im halbwegs erahnbaren ramponierten Bassin. Die Ziegel der nach selbstlosen Aufbauanstrengungen mehrerer Potsdamer Handwerksbetriebe 2002 und 2003 wieder gesicherten Mauer sind so farbig wie nie zuvor. Sprayer haben das landschaftlich so reizvoll gelegene Quellmonument als neue Wutstätte ihrer Farbbarbarei entdeckt. Uninteressiert rauscht am völlig überwucherten Sumpf der fühllose Autoverkehr vorbei. Man hat Mühe, die gerade wieder instand gesetzte, schon wieder verschandelte Anlage zu finden und lebend zu erreichen.

Adresse Templiner Straße, kurz vorm Ortseingang Caputh, 14473 Potsdam | **ÖPNV** Bus 607, Haltestelle Forsthaus Templin | **Tipp** Das heutige Ausflugsrestaurant »Brau-manufaktur« (Templiner Straße 123) mit seinem Biergarten unter den alten Kastanien hat eine gastronomische Vorgeschichte, die bis zur »Tabagie« von 1834 zurückreicht. Biobräu at its best.

68 Der Marstall

Gebeutelt durch die »Häufung« von Stürmen

1834 bis 1839 hatte Baumeister Eduard Gebhardt den neugotischen Marstall errichtet. Im Erdgeschoss wieherten die Pferde Wilhelms I.; auch seine Kutschen standen hier. Obendrüber wohnten der Hofmarschall sowie Diener und Kutscher. Im 19. Jahrhundert wurde das Gebäude mehrfach erweitert und umgebaut. Nach dem Zweiten Weltkrieg war der Marstall einige Zeit Lagerhalle; dann nutzte die Reitabteilung der BSG DEFA Babelsberg das baufällige Haus. Seit der Wiedervereinigung steht es leer. Viele Jahre turnten hier nur noch die Holzwürmer und Hausböcke. Und der Einzige, der wieherte, war der Hausschwamm. Das Dach war undicht, der Putz fiel ab. Folgerichtig nannte Baudirektor Dr. Alfons Schmidt den Marstall vor wenigen Jahren »einen der größten Problemfälle« für die Restauratoren. Auf der Erläuterungstafel werden a) die DDR und b) die »Häufung« von Stürmen in der letzten Zeit für den Zustand der Immobilie verantwortlich gemacht.

Doch da man weder die DDR noch den Haufen Stürme dazu bewegen konnte, die fünf bis zehn Millionen Euro zu berappen, die zur Sanierung nötig wären, kam man auf eine kostengünstigere Idee. Vielleicht reichte es ja, wenn alle zusammenlegten, für ein blechernes Regencape! Gesagt, gesammelt und getan: 250.000 Euro später stand das Dach, ein Pultdach aus Trapezblech – wie Baudenkmalpflegerin Almut Siegel erläuterte –, welches von im Boden verankerten Stahlstützen getragen wird. Der Vorteil bei dieser Art Notbehelf ist (im Gegensatz zu der Einhüllung mit Planen), dass das Gebäude weiterhin »erlebbar« bleibt. Das kann man auch präzisieren: Man sieht ein paar Wände und Ecken des Marstalls und kann sich gut vorstellen, dass das einmal wieder eine repräsentative Pferdegarage werden könnte. Vielleicht wäre eine öffentliche Reithalle oder ein Hippodrom überhaupt die beste Nachnutzung? Sie würde mehr Leben in den weiträumigen Park Babelsberg bringen.

Adresse Park Babelsberg; oberhalb vom »Kleinen Schloss«, 14482 Potsdam | **ÖPNV**
Bus 694, Haltestelle Schloss Babelsberg | **Tipp** Im »Kleinen Schloss« tafelt man feudal
wie zu Kaisers Zeiten, sommers auch draußen am Ufer. Schöne Heckenwandelgänge,
viel gut zu überwachender Auslauf für Kinder: Park Babelsberg 9, Tel. 0331/705156.

69 Die Matrosenstation

»Männeken – stilljestann!«

Der Barock war auf dem Höhepunkt, als Preußenkönig Friedrich I. in Berlin mit seinem prunkvollen Lustschiff über die Spree schipperte. Friedrich der Große war weit weniger auf Boote versessen. Nur einmal segelte er auf dem Rhein von Wesel nach Emden zum preußischen Seehafen. Sein Urgroßneffe Friedrich Wilhelm III. bekam 1814 bei einem Besuch in England von George IV. eine erste kleine Fregatte, eher ein Spielzeugschiff, das aber nur 14 Jahre hielt. Georges Nachfolger William IV. schenkte Friewi eine zweite Fregatte, die nun immerhin ein Drittel der gewöhnlichen Größe hatte – für den Jungfernsee genau richtig! Der König ließ einen Anleger und ein Bootshaus bauen und nannte die Fregatte seiner Frau zum Gedenken »Royal Louise«. 1850 zogen die ersten Matrosen zur Bedienung des königlichen »Lustfahrzeugs« ein.

Kaiser Wilhelm II., der mit eigener Hochseejacht weltweit tourte und Schlachtschiffe aufs Meer setzte, hatte den Spieltrieb seiner Vorfahren geerbt und ließ eine neue Matrosenstation am Jungfernsee bauen. Ein Osloer Architekt entwarf sie im Nordlandstil: Empfangshalle, Bootshaus, Kaserne und Schiffsführerhaus. 1896 erhielt die neue Station den Namen Kongsnæs: nicht königliche Nase, nein: des Königs Landzunge!

Zur »Royal Louise« gesellte sich der Dampfer Alexandria, außerdem mehrere Ruderboote und Kajaks. Wilhelm II. führte die Spielerei gerne vor, etwa Queen Victoria, dem Prince of Wales, dem Schah von Persien und Italiens König Umberto. Alle werden sich köstlich amüsiert haben.

Aber die Station diente auch der Kadettenausbildung des Marineoberkommandos im Auf- und Abtakeln und war 1897 für zwei Monate Empfangsstation beim ersten erfolgreichen Versuch zur drahtlosen Telegrafie durch Adolf Slaby. Aus der 1,6 Kilometer entfernten Heilandskirche in Sacrow kratzte es blechern durch den Äther: »Männeken – stilljestann!«

Adresse Schwanenallee 7, 14467 Potsdam | **ÖPNV** Tram 93, Bus 316, Haltestelle Glienicker Brücke | **Tipp** Den schönsten Blick über den Jungfernsee hat man von der anderen Seite aus, vom Casino im Volkspark Glienicke: hinschwimmen oder hinlaufen (10 Minuten).

70__Der Mauerweg

»Niemand hat die Absicht, eine Mauer zu errichten.«

An der Begrenzungsmauer des Jagdschlosses Glienicke, das zu Westberlin gehörte, befindet man sich im einstigen Mauerstreifen der DDR-Exklave Klein Glienicke und blickt auf die Sichtschlitze und Schießscharten, hinter denen der Wessi lauerte. Ansonsten ist von der befestigten Grenze auf DDR-Seite wenig übrig geblieben. Nur ein winziger Mauerrest an der Stubenrauchstraße am Südufer des Griebnitzsees hat die Wende-Niederriss-Euphorie auf Ostseite überlebt; ein Grenzturmgrundriss ist noch zu erkennen.

Das einst vom Klassenfeind umzingelte Klein Glienicke bestand aus zwei Wurmfortsätzen mit knapp zehn Straßen. Eine Infotafel in der Waldmüllerstraße erzählt Genaueres: Von Babelsberg kam man nur über die Parkbrücke hinein, wo Grenzkontrollposten der DDR mit besonderer Schärfe kontrollierten. Als Bewohner hatte man einen Sonderstempel im Pass; Besuchswillige mussten eine Aufenthaltsgenehmigung beantragen. Jüngere verließen wegen der dauernden Schikanen den Ort. Für die frei gewordenen Häuser fanden sich meist keine Mieter mehr. Sie wurden abgerissen. Die Klein Glienicker Kapelle musste 1979 geschlossen werden, weil keine Christen mehr kamen.

Wo für gewöhnlich nur Fluchttragödien mit tödlichem Ausgang zu verzeichnen waren – woran viele Stelen mit kurz gefassten Schicksalserzählungen erinnern (etwa an der Parkbrücke) –, liefert Klein Glienicke auch eine spektakuläre Erfolgsstory: Im trockenen Juli 1973 flohen zwei Familien aus dem Keller ihres Hauses nach Westberlin. Mit einer Kinderschaufel und dem Blatt eines Spatens hatten sie einen 19 Meter langen Tunnel gegraben. Wegen des für gewöhnlich hohen Grundwasserspiegels war ihr Grundstück im Grenzsicherungsplan »nicht tunnelgefährdetes Gebiet«. Dementsprechend lax waren die Kontrollen. In Hitzeperioden sank der Grundwasserspiegel jedoch erheblich, und die Freude (nicht nur der Kinder) am Tunnelbauen wuchs …

Adresse Mövenstraße, 14482 Potsdam | **ÖPNV** Tram 93, Bus 316, Haltestelle Glienicker Brücke | **Tipp** An der Königstraße, nahe der Bushaltestelle am Fernmeldeturm, steht ein Gedenkstein für vier von der Gestapo hingerichtete Kommunisten.

71 Die Meisterpräparate

Remember Hausspitzmauskarawane

Bei einer Weltmeisterschaft in Salzburg besiegte der Potsdamer Präparator Christian Blumenstein mit einer »Hausspitzmauskarawane« seine 130 Konkurrenten. Er hat schon sehr viele Preise und Auszeichnungen bekommen und ist anerkanntermaßen einer der besten lebenden Tierpräparatoren der Welt.

»Die authentische Darstellung ist für mich das Wichtigste«, sagt er, und das ist auch das Geheimnis seines Erfolges. Das stimmige Detail macht den Unterschied zu den bekannten Staubfängern in gelblich angehauchten Vitrinen – etwa die Tränenflüssigkeit im Auge des Jungfuchses. Natürliche, arttypische Haltung und Verhaltensweise kommen hinzu. Wenn sich da, in einem kleinen Diorama im Potsdamer Naturkundemuseum, zwei Marder balgen, dann blickt man in die Momentaufnahme eines Bauernhausdachbodens. Man möchte die Kerlchen verscheuchen und nachsehen, ob in der alten Pulle noch was drin ist.

Christian Blumenstein, geboren 1968 in Potsdam, machte an den Naturkundemuseen Potsdam und Berlin in den Achtzigern seinen Facharbeiter für Präparation. Seit vielen Jahren ist er begeisterter Naturfotograf. Weltweit und natürlich in Brandenburg faszinieren ihn vor allem Tiere der »Offenlandschaften«.

Unter allen Präparationsmethoden bietet ihm der »PEG-Prozess« insbesondere für Kleinsäuger die besten Gestaltungsmöglichkeiten. Das tote Fundtier wird mit Draht in die gewünschte Haltung gebracht und in fäulnishemmende Konservierungsmittel eingelegt. Es folgt – etwa wie bei der Plastination – die Ersetzung der Gewebeflüssigkeit durch Polyethylenglykol. Selbst die Muskeln der Mausschnurrhaare muss Blumenstein mit PEG aufpumpen, damit sie abstehen. Wenn alles getrocknet ist, färbt er Fell, Nasen, Ohren oder auch Lider lebensecht nach und sucht nach passenden Glasaugen. »Bei der Präparation sind handwerkliche Fähigkeiten aus vielen Berufen notwendig, vom Tischler bis zum Chirurgen.«

Adresse Breite Straße 13, 14467 Potsdam | **ÖPNV** Tram 91, 92, 93, 96, 98, 99, Haltestelle Alter Markt/Landtag | **Öffnungszeiten** Di–So 9–17 Uhr; jeden ersten Montag im Monat 9–18 Uhr | **Tipp** Nach so viel Natur sollte man sich im schönen weiten, verkehrsfreien Innenhof des Hauses der Brandenburgisch-Preußischen Geschichte, Am Neuen Markt 9, entspannen, eventuell bei einem fleischlosen Kaffee.

72 Das MGB-Gefängnis

Von der Sowjetunion lernen, heißt kuschen lernen

1946 bis 1954 gab es in der UdSSR das »Ministerium für Staatssicherheit« (MGB) mit drei Hauptverwaltungen: Aufgabe der dritten war die militärische Spionageabwehr, vor allem in der Sowjetischen Besatzungszone und nachmaligen DDR. Ihr Hauptquartier befand sich in Berlin-Karlshorst in der Waldowallee 53–54. In der Potsdamer Leistikowstraße 1 wurde 1945 das zentrale Untersuchungsgefängnis des MGB eingerichtet. Bis zur Auflösung des MGB und der Gründung des KGB 1954 wurden hier vermeintliche deutsche und sowjetische Staatsfeinde inhaftiert. Ab 1955 waren es nur noch sowjetische Untersuchungshäftlinge.

Selbst kleinste Anzeichen für Militärspionage wurden mit Härte geahndet. Nach der Verhaftung wurden die Aufgegriffenen in die Leistikowstraße in Einzelhaft verbracht, täglich verhört und durch menschenunwürdige Unterbringung über Wochen und Monate gefoltert. Bodo Platt, ein Zeitzeuge, berichtet: »Am Türrahmen begann ich, die Tage mit Strichen zu markieren, mit dem Fingernagel. … Nachts, wenn wir uns endlich hinlegen durften, auf … Strohsäcke, total verstaubt und über und über mit Flöhen übersät, fiel man in einen Halbschlaf, in dem sich Alptraum und Wirklichkeit nicht mehr trennen ließen.«

Der Glaube, sich gegen konkrete Anschuldigungen verteidigen zu können, wird rasch zerstört. »Du kannst machen, was du willst! Du kriegst deine 20 Jahre!«, wurde dem Verhafteten Bodo Platt erklärt. »Als die Urteile namentlich verkündet wurden, brachen wir in ein allgemeines gespenstisches Gelächter aus, so unglaublich erschienen uns die Strafmaße und die Aussicht auf eine lebenslange Inhaftierung, denn das bedeuteten die 25 Jahre!« Auch wenn die Strafe oft schon nach drei Jahren Zwangsarbeit in Russland ihr Ende fand, war der im meist jugendlichen Alter erlittene Schock über die Unbarmherzigkeit der Sowjets für die Tausenden von Inhaftierten lebensprägend.

Adresse Leistikowstraße 1, 14469 Potsdam | **ÖPNV** Tram 92, 96, Haltestelle Puschkinallee | **Öffnungszeiten** Di–So 14–18 Uhr; Führungen 10–18 Uhr nach Voranmeldung; Eintritt frei; Führungen durch die ehemalige sowjetische Geheimdienststadt »Militärstädtchen Nummer 7« nach Anmeldung unter Tel. 0331/2011540 | **Tipp** Anders gemeint, aber auch als Symbolisierung der Höllenfolterqualen anzuschauen: Die Fackel der Revolution (1970) von Jürgen von Woyski, Ecke Alleestraße/Am Neuen Garten.

73 Das Militärwaisenhaus

Die Treppe zum Hundeleben

1724 wurde vom Soldatenkönig das Große Militärwaisenhaus ins Leben gerufen, damit die Kinder verstorbener oder erkrankter Soldaten ein Dach über dem Kopf hätten, um sie zu ernähren und auszubilden. Sie durften sich entscheiden, ob sie zum Militär gehen oder Handwerker werden wollten: Schneider, Bäcker, Schuster, Metzger. Beim Militär konnten sie es zum Unteroffizier bringen, Militärmusik machen, als Tambour, Hautboist oder Trompeter. Ab 1737 wurden auch Mädchen aufgenommen und, ohne weiter gefragt zu werden, samt und sonders im Nähen, Stricken und Spinnen unterrichtet.

Unter Friedrich dem Großen stieg die Zahl der Insassen auf 2.000 an. Hofbaumeister Carl von Gontard errichtete eine kasernenartige Abfolge von Neubauten um einen zentralen Exerzierplatz. Das Haus kam 1815 in Heeresbesitz, und das Leben der jetzt nur noch männlichen Zöglinge wurde zunehmend soldatisch. 600 Knaben lernten und dienten im »Knabenbataillon« unter acht Sergeanten. Nebenbei vermietete man sie als einträgliche Arbeitskräfte an Fabriken. Alle, die noch zu klein waren für die »Kaserne« mit der schönen, scheinheiligen Karitasfigur obendrauf, zog man im Kinderhaus in der »Neustädter Kommunikation« groß.

Nach einem unmilitärischen Interim von 1918 bis 1934 wurde das Waisenhaus zur Nationalpolitischen Erziehungsanstalt für je 500 angehende Nazijungen und -mädchen. Seit 1937 gehörte die NAPOLA zur Wehrmacht und hatte ab 1938 Hermann Göring als Chef. Heute sind die meisten Gebäude des Großen Militärwaisenhauses gewinnbringend vermietet, damit die noch immer bestehende – nun wieder wirklich »karitative« – Einrichtung Jugendlichen beim Weg ins selbstverantwortliche Leben helfen kann. Das leicht kafkaesk anmutende Gontard'sche Treppenhaus, bei dem man nicht sicher ist, ob es wirklich einen Weg nach oben gibt, ist eines der schönsten spätbarocken in Potsdam.

Adresse Breite Straße 9a, 14667 Potsdam | ÖPNV Tram 91, 92, 93, 96, 98, 99, Haltestelle Alter Markt/Landtag | Öffnungszeiten Mo–Fr 10–18 Uhr; nicht von der behördlichen Außenfront und der Klingel abschrecken lassen, wenn offen ist, einfach reingehen | Tipp Bei der Tourist-Information, Brandenburger Straße 3, 14467 Potsdam, kann man sich nach Innenstadtführungen erkundigen.

74__Das Minsk

Völker, höret die Signale

Das Terrassenrestaurant »Minsk« am Brauhausberg war ein »Haus des Volkes« – wie nicht nur sein Architekt Karl-Heinz Birkholz betonte. Jeder Alteingesessene trauerte angesichts seines sichtbaren Verfalls. Sein Abriss schien beschlossene Sache zu sein. Jetzt aber entschlossen sich die besitzenden Stadtwerke überraschend zu einem Verkauf, um das geplante neue Schwimmbad zu refinanzieren. Mit Glück wird etwas vom alten Minsk wiederauferstehen.

1970 war der Stahlbetonskelettbau als HO-Restaurant begonnen worden. Am Ende wurde ein Nationalitätenrestaurant daraus. Denn zur Festigung ihrer Partnerschaft planten Minsk und Potsdam, sich einander gastronomisch vorzustellen. In der Hauptstadt der Belarussischen Sozialistischen Sowjetrepublik BSSR wurde ein Restaurant Potsdam gebaut und in Potsdam ein Restaurant Minsk.

Schon die mit Leuchtstoffröhren nachgezeichneten Minsker Stadttore im Logo obendrauf deuteten an, dass es kein bloßes Jonglieren mit den Stadtnamen war. Künstler aus Minsk wurden an der Vertäfelung aus massiver Mooreiche beteiligt. Glasornamente an der Fensterfront stellten Motive aus Minsk im Relief dar: das Parlamentsgebäude, den Nationalzirkus. Auch Tischleuchten, Tongefäße, handgewebte Wandbespannungen und Tischläufer kamen aus Weißrussland. Zwar mussten bei der Dicke des Glases an der Fensterfront Abstriche gemacht (die Minsker hatten sich acht Zentimeter dickes Glas gewünscht, doch das wäre zu schwer und viel zu teuer geworden) und reichlich Geduld geübt werden. Der Palast der Republik saugte zeitweilig alles in der DDR verfügbare Baumaterial an sich. Doch anlässlich des 70. Jahrestages der Oktoberrevolution im November 1977 konnte das Minsk seine Tore und Terrassen öffnen.

Tanz und gutes Essen, feiern und dabei auf die Wasserspiele, die schönen Hölzer, Gläser oder auf Potsdam blicken – das würde man hier gern wieder haben!

Adresse neben Max-Planck-Straße 10, 14460 Potsdam | **ÖPNV** Bus 693, Haltestelle Schwimmhalle. Das Minsk liegt noch eingezäunt im Dornröschenschlaf; mit etwas Geschick bekommt man seinen Blick … | **Tipp** Wenn man es nicht bis zum Zaun geschafft hat, sollte man im Abenteuerpark, am Weg zum Wissenschaftspark Albert Einstein, eine Trainingsrunde in den hohen Buchen einlegen: Albert-Einstein-Straße 49, Tel. 0331/6264783, www.abenteuerpark.de.

75__Das Mirenhaus

Guck ma in die Richtung!

Die Geodäsie vermisst die Erde, beschreibt das ihr eigene Schwerefeld und ihre Orientierung innerhalb des Weltalls (Rotationsrate und Rotationsachse). Bereits 2500 v. Chr. hatte sie ihren Ursprung in Ägypten, als die beginnende Aufteilung von Grundstücken eine nachprüfbare Abgrenzung von Eigentum erforderlich machte. »Über den Daumen gepeilt« durfte es von da an nicht mehr geben.

Im Preußen des 19. Jahrhunderts wurde das Land durch Triangulation, ausgehend von einem Punkt auf der Tempelhofer Marienhöhe – dem Rauenberg –, vermessen. Der 1892/93 gleichzeitig mit dem Hauptgebäude des von Berlin auf den Telegrafenberg nach Potsdam verlegten Geodätischen Instituts erbaute Helmertturm diente vornehmlich der geodätischen Ausbildung. Er stand in direktem optischen Bezug zu einem etwa zwei Kilometer südlich und einem zweiten, etwa sieben Kilometer nördlich gelegenen Mirenturm.

In den sogenannten Miren (von lat. mirare = schauen) gingen in der Sprache der Astronomen und Geodäten »künstliche Sterne« – soll heißen: helle Lampen – auf. Helmertturm und Mirenhäuser lagen auf einer Nord-Süd-Geraden (gleicher Längengrad oder Meridian). Durch das Anpeilen der künstlichen Mirensterne nordete man die Beobachtungsinstrumente ein. Auch direkt am Fuß des Helmertturmes stehen übrigens kleine Miren in Wellblechhäuschen.

Als der Zentralpunkt der preußischen Landvermessung, der Rauenberg, Opfer des Kiesabbaus wurde, definierte man 1950 das europäische Datum »ED50« mit Hilfe der Koordinaten des Helmertturmes. Allerdings basieren diese Koordinaten weiterhin auf der Vermessung des Helmertturmstandorts vom früheren Rauenberg aus. Heute ist der einst so wichtige Turm vom Einsturz bedroht. Im Mirenhaus auf dem Kleinen Ravensberg, etwa 50 Meter südwestlich des dortigen Feuerwachturmes, ist der Verfall auch schon deutlich. Das Mirenhaus beim Königswall scheint dagegen das Rennen zu machen.

Adresse Kleiner Ravensberg, 14473 Potsdam (für GPS-Bewaffnete: 52°21'38.0"N, 13°03'54.9"E) | **ÖPNV** Tram 91, 93, Haltestelle Zum Kahleberg; Fuß- und Radweg über das Ravensberggestell bis zum Falkenhof, von dort nur mit dem geländegängigen Fahrrad oder zu Fuß erreichbar | **Tipp** Wenn man schon so weit vorgedrungen ist, sollte man zum Teufelssee weiterwandern und sich im kühlen Nass erfrischen. Oder sich am Anblick weiden.

76__Die Mördergruft

Immer in Notwehr – Kähne

Am Ufer des Haussees im Petzower Schlosspark stehen seit einiger Zeit filigrane Fischernetze in Gestalt menschlicher Figuren. Sollen es die Seelen der hier Gepeinigten sein? Lange Zeit sind die Petzower Kähnes angesehene Ziegeleibetreiber, Hoflieferanten, Lehnschulzen und Amtspächter. 1801 wird August Kähne (1751–1814) sogar Potsdamer Oberamtmann. Aber mit Carl II. (1819–1910) beginnt der moralische Niedergang. Getreu seinem Wahlspruch »Gott regiert die Welt. Der Knüppel regiert die Leute« beginnt er, seine Arbeiter zu verdreschen.

Sein Sohn Carl III. (1860–1937) nimmt zum Knüttel die Knarre hinzu und schießt auf jeden, der sich unberechtigt auf seinem Besitz aufhält. Er wird wiederholt angezeigt, doch seine guten Beziehungen zu den Richtern helfen ihm immer wieder aus der Patsche. Die Bevölkerung nennt ihn und seinen Sohn Carl IV., der den Vater bereits früh bei der Menschenjagd begleitet und mit einer eigenen Waffe unterstützt, fortan die »Schießkähne«. Sogar in ein Tucholsky-Gedicht schaffte es Carl III. 1922: »Die braven Sonntagsausflügler sind froh, / wenn sie an seinem Anstand vorbei. / Einen Schritt zu weit – Schuss, Fall, Geschrei.«

Es geht nicht immer glimpflich aus. Für zahlreiche Schussdelikte mit teils schweren Folgen (einem Maurer namens Stoof zerschmetterte ein Schuss Carls III. die linke Hand) erhielten die Schießkähne stets nur Geldstrafen. Ihre Beziehungen zu Polizei und Justiz waren einfach zu gut. Auch der Tod von Alfred Mehlhemmer am 10. Mai 1943, mutmaßlich gewaltsam herbeigeführt von Carl VI. und einigen anderen, weil Mehlhemmer eine Schwarzschlachtung Kähnes angezeigt hatte, blieb unaufgeklärt und ungesühnt.

Die angeblich noch immer von Familienangehörigen besuchte Gruft der Kähnes ist wohlweislich vermauert, damit die schrecklichen beiden letzten Kähnes nicht noch mal rauskommen und wieder zur Flinte greifen.

Adresse Zelterstraße 3, 14542 Werder (Havel) | ÖPNV Bus 631, Haltestelle Werder (Havel)/Holländermühle; anschließend eine Dreiviertelstunde zu Fuß; besser: Fahrräder leihen! | Tipp Ein wunderschönes Museum über das malerische Petzow ist im alten Waschhaus untergebracht, nur 50 Schritte von der Kähnegruft entfernt am Hausseeufer.

77 Die Multibuche

Säulen der Einheit

»Es ist eine genetische Veränderung im Samenkorn«, spekuliert der befragte Schlossgärtner, und wahrscheinlich hat er recht. Er fügt noch ominös hinzu: »Eine Spontanmutation!« »Tschernobyl?«, kommt die erschrockene Rückfrage, aber ein spöttischer Seitenblick auf den großen Baum erweist ihre Unsinnigkeit. Dann müsste der Reaktorunfall von Tschernobyl sich etwa zeitgleich mit dem Tunguska-Ereignis (Meteoriteneinschlag in Sibirien, 1908) ereignet haben. Apropos, das könnte freilich auch der Grund für die Mutation sein! Doch was soll's.

Kaum ein Passant wendet den Kopf zur Seite. Nur wenige könnten überhaupt wahrnehmen, was es da zu sehen gibt. Das Trachten der meisten ist darauf gerichtet, schnell oder irgendwie den steilen Pfad vom Havelufer zum Schloss Babelsberg hinaufzukommen. Da nimmt man sich keine Zeit für verwunderte Seitenblicke, obwohl eine Rast doch höchst willkommen wäre.

Ohne Kreide zum Markieren wird es richtig knifflig, herauszufinden, wie viele Stämme sie denn nun hat, die Multibuche – sind es elf, zwölf, dreizehn oder vierzehn? Vollendet harmonisch haben sich die Kronen vereinigt, dass man dem um geistige Wiedervereinigung ringenden Deutschland oder der notorisch zerrütteten EU wünschte, sich an dieser quicklebendigen und vollsaftigen Bundesbaumstammrepublik ein Beispiel zu nehmen. Seht, sagt der Baum, so schön kann Vielfalt in der Einheit sein. Nichts reibt sich auf in Konkurrenz, alles gedeiht in einer Richtung. Das vereinigte Blätterrauschen nimmt selbst dem Rauschen der nahen Großen Fontäne nichts von seinem Reiz.

Bevor man nun aber vor lauter Verzückung das sattsam bekannte Altväterlied »Wer hat dich, du schöner Wald ...« anstimmt, gehe man lieber weiter, sei's aufwärts oder abwärts. Es ist eine interessante Baumerscheinung, fürwahr, die zu mancherlei Grübeleien Anlass bietet. Gewiss, gewiss. Und damit Gott befohlen.

Adresse Park Babelsberg, 14482 Potsdam; die Multibuche steht am Hang zwischen Schloss und Havel. | **ÖPNV** Bus 694, Haltestelle Schloss Babelsberg | **Öffnungszeiten** Der Park ist ganzjährig täglich von 8.30 Uhr bis zur Dämmerung geöffnet. | **Tipp** Ganz aus Eisen, aber wie aus bläulich gestrichenem Holz aussehend, wartet die Friedrich-Wilhelm-Brücke in Rufweite vom Wunderbaum.

78_ Die NITAG-Tankstelle

Bitte auch einen Jauch

»Garage du Pont« kann man übersetzen mit »Tanke an der Brücke«. Es handelt sich heute um eines der wenigen noch erhaltenen historischen Tankstellengebäude der Region. Als die Potsdamer Architekten von Estorff und Winkler sie 1937 bis 1938 im Landhausstil bauten, war die Reichsstraße 1 noch ganz neu. Als Auftraggeberin und Betreiberin zeichnete die 1924 gegründete Hamburger Naphtaindustrie und Tankanlagen AG, kurz NITAG. Nach 1945 ging die Tankstelle ins Netz des Treibstoffversorgers MINOL über und blieb bis zum Mauerbau 1961 in Betrieb. Danach ließ der Bedarf stadtauswärts in Richtung Westberlin begreiflicherweise stark nach.

1990 erkor sich der Indian-Liebhaber Christian Timmermann die herrenlose Tankstelle zum Basislager seiner Leidenschaft. Seit dem Kultfilm »The World's Fastest Indian« mit Anthony Hopkins kennt jeder die sagenhaften Motorräder aus Springfield/Massachusetts, die bis 1953 produziert wurden und von denen es heißt: »Old Indians never die.« Bei »Timmermann's Indian Supply« waren echte Indians zu bestaunen: die Chief, die Big-Chief, die Scout oder die Indian-4. Mit seinem Projekt der selbst entwickelten Indian-V8 katapultierte er den Namen Indian ins neue Jahrtausend.

Aus dem Indian Supply wurde das typenoffene »Bikers Café«, wo alle Bandenkriege zwischen Indians, Harleys, BMWs und Japanern beigelegt schienen. Nie hatte es entspanntere Zeiten unter den von Timmermann aufgestellten Indian-Zapfsäulen gegeben. Selbstbedienung, Freunde treffen – so eine Art Potsdamer Spinnerbrücke ohne Spinner.

Heute hat die gehobene französische Küche in der »Garage du Pont« Einzug gehalten. Auch das technische Museum ist vom Feinsten, schließlich ist der heutige Besitzer Professor und Chef einer Vermögensverwaltungs-GmbH. Besonderer Clou sind die Weine des Weinguts von Othegraven bei Kanzem an der Saar. Es gehört Günther Jauch. Jetzt sieht man hier nur noch Sonntagsbiker.

Adresse Berliner Straße 88, 14467 Potsdam | **ÖPNV** Tram 93, Bus 316, Haltestelle Glienicker Brücke | **Öffnungszeiten** Reservierung unter Tel. 0331/87093272 | **Tipp** Am Remisengebäude der Menzelstraße 20a hängt ein schönes gipsernes Pferde-kopfmedaillon – wenn man es nicht besser wüsste, würde man behaupten, es sei der letzte Gefährte des Alten Fritz gewesen, der am 4. Juli 1786 zum letzten Mal im Park Sanssouci galoppierte.

79_Das Palladio-Zitat

Alles nur schöner Schein

Der Palazzo Thiene Bonin Longare ist ein Palast in Vicenza, erbaut nach Plänen von Andrea Palladio 1572, vollendet von Vincenzo Scamozzi. Friedrich der Große, der ein großer Verehrer Palladios war und seine kleine Garnisonstadt am liebsten ganz nach palladianischen Vorbildern errichtet hätte, war zwar nie in Italien. Aber er kannte Palladios Bauten durch zeitgenössische Bildwerke, die ihm sein italienischer Kammerherr Algarotti mitgebracht hatte.

1754 gab er den Befehl, das Kahle'sche Haus abzureißen, und instruierte seinen Architekten Johann Gottfried Büring, eine prächtige Palladio-Fassade zu errichten. Das Haus dahinter war ihm egal. Hauptsache, ein weiteres Werk Palladios brachte Friedrichs Potsdam optisch ein bisschen näher an Italien. Büring nahm sich die Fassade des Palazzo Thiene in Vicenza nach der Stichvorlage aus »Die vier Bücher der Architektur« von Palladio zum Vorbild.

Friedrich der Große war schon lange tot, als eine Brandbombe das Haus am Neuen Markt 5 vollständig zerstörte. Doch auch die Nachlebenden hatten Gefallen an seinem Palladio-Potsdam gefunden. Drei Millionen Euro ließ es sich der neue Hausbesitzer kosten, den Hingucker zeitgenössisch, das heißt postmodern, wiederherzustellen.

Ein Wohn- und Geschäftshaus wurde gebaut, mit dem Architektin Nicola Fortmann-Drühe wunderbar den Schein wahrte. Eine »schöne Kulisse« ganz im Sinne Friedrichs entstand. Die Renaissancefassade wird abstrakt zitiert vorgehängt: nur Sockel, Fensterrahmen und Gesims. Jeder darf sehen, dass die eigentliche Front aus Glas besteht und dahinter Maisonettewohnungen und Loggien liegen. Das geschah ganz im Sinne Friedrichs, dem der schöne Schein über allen eventuellen Zweck des Baues ging.

Freilich kann auch der Architekturkritiker Tiefschürfendes über dieses einzige postmoderne Werk am Neuen Markt erzählen. Aber man sieht auch so, dass das großartig ist.

Adresse Am Neuen Markt 5, 14467 Potsdam | **ÖPNV** Tram 91, 92, 93, 94, 96, 98, 99, Haltestelle Platz der Einheit/Bildungsforum | **Tipp** Im benachbarten Kabinetthaus (erkennbar an den Hermen von Glume) wurden Friedrich Wilhelm III. und wahrscheinlich auch Wilhelm von Humboldt geboren, dessen Vater Kammerherr der Prinzessin Elisabeth war. Trefflich speist man in der »Waage« mitten auf dem Platz, Am Neuen Markt 12, Tel. 0331/8170674.

80__Das Paradies-Peristyl
Das ist mir doch alles egal

Friedrich Wilhelms IV. Regentschaft war von politischem Aufruhr, ja von Auflösung und Untergang bedroht. Zwar hatte er am 18. März 1848 die Pressezensur aufgehoben und die Ausarbeitung einer gesamtdeutschen Verfassung befürwortet, doch die Dankeskundgebung seines Volkes in den Berliner Schlosshöfen ließ er von zwei Warnschüssen der Wache beenden. Das Gerücht eines blutigen Gemetzels verbreitete sich und zog Straßenkämpfe mit vielen Opfern nach sich. Er ließ die Schutzhaft einführen, die es dem Staat erlaubte, auch Personen zu inhaftieren, die gar nichts getan hatten. Versteht sich von selbst, dass er ein Gegner jeglicher Bestrebungen war, seine absolute Macht anzutasten. Der Romantiker auf dem Thron war natürlich ein absoluter Herrscher.

Als ihm die Paulskirchendemokraten 1849 die Kaiserkrone antrugen, nannte er sie »Krone aus Dreck und Letten«. Er ließ den Aufstand in Baden und damit die ganze 48er-Revolte blutig beenden, zog sich ins Private zurück und suchte das Vergessen in selbst entworfenen neoantiken Architekturszenarien.

Schon als Kronprinz hatte er einen hauptamtlichen Architekten an seiner Seite, der seine sprudelnden Ideen in Form und zur Ausführung brachte. Aus Entwürfen auf Servietten und Schmierblättern entstanden das Pfingstbergbelvedere oder das Orangerieschloss. Das intimste und zauberhafteste Werk des »Romantikers auf dem Thron« ist zweifelsohne die Scheinarchitektur im Paradiesgarten. Im vermeintlichen Atrium und Peristyl einer römischen Villa konnte er, dem genialen Persius sei Dank, die böse Gegenwart vergessen und sich in die vermeintlich heile Antike zurückversetzen. 40 böhmische Glasvasen lieferten das bunte Licht zum Träumen. Nur die martialische Skulptur in der Mitte – Preußenadler reißt Reh – erinnerte ihn daran, dass die Idylle ihre Grenze hatte und das Tusculum des Plinius für ihn ewig ein teurer Spleen bleiben würde.

Adresse gegenüber Maulbeerallee 2, 14469 Potsdam | **ÖPNV** Bus 695, Haltestelle Orangerie | **Öffnungszeiten** Der Paradiesgarten ist ganzjährig täglich von 8.30 Uhr bis zur Dämmerung geöffnet. | **Tipp** Die Art, wie Friedrich Wilhelm die Moderne sah, zeigt die Skulptur der »Industrie« im Orangerieschloss direkt nebenan: Die zierliche Göttin hält ein Zahnrad in den zarten Händen, als sei es vom Himmel gefallen.

81__»Pedales«

»Stand up and paddle!«

An Fahrrad- und Bootsverleihen besteht in Potsdam kein Mangel. Der älteste, »traditionsreichste« und zugleich modernste aber ist »Pedales«. Wie der Name schon andeutet, ging es mit Fahrrädern los. Gründer Tom Scherer hatte die Idee in der Uni-Mensa. Von da an gab es kein Stoppen mehr, außer an den Biergärten entlang der Radtouren. Zu Potsdam gesellte sich bald Berlin. 2005 kamen in beiden Städten die Boote dazu.

Die schönsten und abwechslungsreichsten Bootsrouten findet man natürlich in und um Potsdam, angefangen bei einer gemächlichen Ein- bis Zweistundenfahrt an den Ufern des Griebnitzsees entlang, wo man Milliardären und Haubentauchern in die Nester schauen kann, über die Wannsee- oder Schlösserroute bis zur großen Havellandrundfahrt. Sie dauert zwei Tage und führt den Abenteurer rund um die große Insel Potsdam.

22 Zweierkajaks, vier Einer und vier Kanus stehen im Leihstandort des S-Bahnhofs Griebnitzsee zur Auswahl, hinzu kommen zahlreiche SUPs. Das steht für StandUpPaddle und bezeichnet Boards, auf denen man im Stehen paddelt – nicht unbedingt etwas für weite Touren, aber für alle Freunde des letzten Schreis megahip.

Das Geschäft lebt von der Organisation. Ein neues Computerprogramm regelt den Leihbetrieb und stellt sicher, dass alle, die willens sind, so schnell wie möglich aufs Wasser oder auf die Straße kommen. Das Ausleihvolumen hat sich seit der Einführung fast verdoppelt. Dass gewisse Unsicherheiten immer mitspielen, wenn Menschen kommunizieren, bewies das zufällige Zusammentreffen eines Könners und dreier Neulinge. Sie hatten nur zwei Worte seiner Erzählung von der Wannseetour gehört: Anderthalb Stunden. Die hatte der Kajakmeister nämlich für die in der Regel zwischen zwei und fünf Stunden dauernde Fahrt gebraucht. Als sie nach fünf Stunden zurückkamen, waren sie zwar gut trainiert, aber zu k. o., um zu begreifen, wo der Fehler gelegen hatte.

Adresse Rudolf-Breitscheid-Straße 201, 14482 Potsdam; direkt im S-Bahnhof Griebnitzsee | **ÖPNV** S-Bahn S1, S2; Bus 694, 696, Haltestelle S-Bahnhof Griebnitzsee | **Öffnungszeiten** Mo–Fr 9–18.30 Uhr, 1. April–31. Okt. zusätzlich Sa, So 9–19 Uhr | **Tipp** Das Potsdamer Mauermahnmal neben dem Wohnsitz von Volker Schlöndorff liegt am Ufer des Griebnitzsees, Höhe Stubenrauchstraße.

82 Das Peter-Huchel-Haus

Der Gottfried Benn der DDR

Peter Huchel war ein Lyriker. Er suchte ein ruhiges Haus zum Dichten. Das fand er in Wilhelmshorst: ein stattliches Anwesen. Großes Haus im Kiefernwald. Lange Einfahrt. Das Haus – so ergab sich auf Nachfrage – war im Besitz der Sparkasse Belzig und sollte 24.000 DDR-Mark kosten. Bert Brecht, Huchelfreund und stets auf dem Quivive, wenn es ums Handeln ging, brachte in Erfahrung, dass die Sparkasse nur 5.000 Ostmark für die Immobilie gezahlt hatte. Daher riet er dem Freund, keine müde Mark mehr zu bezahlen. Schließlich lebte man im beginnenden Kommunismus. Da war ein solches Profitstreben verwerflich. Doch das blieb Theorie. Die Bank blieb kapitalistisch-hart. Huchel wurde weich. Er hatte gerade den Nationalpreis der DDR dritter Klasse verliehen bekommen (Holzklasse, wie es damals hieß), dessen Summe genau dem geforderten Kaufpreis entsprach …

Peter Huchel war auch sonst kein praktischer Mann. Schöngeistiger Schriftsteller ohne jeden Sinn für Hammer und Sichel. Daher überließ er es seiner Frau Monica, die Renovierung des Hauses zu überwachen und es wohnlich einzurichten. Für den schreibenden Hausmann gab es ein traumhaftes Studio unterm Dach mit Blick in die Bäume. Hier konnte sich Huchel, bedeutendster deutscher Lyriker nach Gottfried Benn (Joseph Brodsky), fortan ganz dem eigenen Werk und der Redaktion von »Sinn und Form« widmen. Er verpflichtete angesehene Beiträger für die intellektuelle Vorzeigezeitschrift der DDR: Alfred Döblin, Lion Feuchtwanger, Thomas Mann, Ernst Bloch, Hans Mayer … Doch nach der politischen Vereisung 1962 verlor er seinen Posten.

Trotz spitzelnder Nachbarn, gelesener Post und abgehörtem Telefon kamen noch bis zur Ausreise der Huchels 1971 die kritischen Geister ins Haus: Wolf Biermann wohnte zeitweilig in Huchels Schreibklause unterm Dach. Ludvík Kundera, Günter Kunert, Reiner Kunze, auch Heinrich Böll und Max Frisch zählten zu den Besuchern.

Adresse Hubertusweg 41, 14552 Michendorf, Tel. 033205/62963 | **ÖPNV**
Bus 608, 643, Haltestelle Wilhelmshorst/An der Bahn | **Öffnungszeiten** So ab 11 Uhr,
bei Veranstaltungen oder auf Anfrage | **Tipp** Essen wie Peter Huchel kann man in der
Gaststätte Willmann, Forstweg 25a.

83 Das Pfingstbergbelvedere

Wo Günther Jauch geheiratet hat

Kronprinz Friedrich Wilhelm sah mit 23 Italien und wollte es seither in Potsdam nachbauen. Schon kurz nach seiner Thronbesteigung notiert Architekt Persius, dass der König »die [Wind]Mühlen auf dem Pfingstberg. demnägst zu erwerben [wünsche], um dort das Casino der Willa Caprarola zu wiederholen«.

Aber es wurde immer mehr: Mit einer zweitürmigen Schlosskulisse möge das kleine Landhaus hinterlegt werden, und wie im Park Farnese sollten sich Treppenläufe an einer Wasserkaskade zu einer tiefer gelegenen Terrasse hinabziehen, wo ein Wasserbecken folgte, und weitere bis zum Neuen Garten hinab. Besonders Liebhaberarchitekten sind meist grenzenlos in ihrer Phantasie. Man kann, muss aber nicht gleich an Hitler denken.

Zwischen Casino und Schlosskulisse musste ein Hochbecken eingeplant werden. Von der Meierei, wo ein Dampfpumpenhaus projektiert war, würde dann Havelwasser auf den Berg gepumpt, um die Bewässerung des Neuen Gartens von dort aus zu bewerkstelligen.

1847 begannen die Bauarbeiten, doch die 48er Revolte verzögerte alles sehr. Die Nachfolger des schon 1845 verstorbenen Persius – August Stüler und Ludwig Ferdinand Hesse – kamen nur schleppend voran. Dann starb der König, und der »Neue« (der spätere Kaiser Wilhelm I.) interessierte sich nicht für den Renaissancefirlefanz. Er befahl, alles nur notdürftig und kostengünstig abzuschließen. August Stüler hatte immerhin Geistesgegenwart genug, wenigstens zitatweise die Villa Caprarola noch hinzuzufügen.

Lange war das Belvedere auch als Fragment bei den Potsdamern beliebt. Dann kam es völlig herunter. Jedoch: Unter größten Anstrengungen wurde es wiederaufgebaut. Aber noch ist es nicht fertig. Potsdams Milliardäre hergehört: Jetzt bitte wollen wir den ganzen Plan des Königs realisieren. Kaskaden! Wasserspiele, Terrassen, geschwungene und gerade Treppen den Hang abwärts! Bitte, bitte, bitte!

Adresse Pfingstberg, 14469 Potsdam | **ÖPNV** Tram 92, 96, Bus 609, 638, 639, 697, Haltestellen Puschkinallee und Am Pfingstberg | **Öffnungszeiten** April–Okt. Mo–So 10–18 Uhr; März, Nov. Sa, So 10–16 Uhr | **Tipp** Für 400 Euro kann jeder auf dem Pfingstbergbelvedere heiraten. Man kann aber auch eine Führung mitmachen: Förderverein Pfingstberg e.V., Große Weinmeisterstraße 45a, 14469 Potsdam, Tel. 0331/20057930, www.pfingstberg.de.

84__Das Pflastergehirn
Immer unbestrumpft

Albert Einstein wäre für immer ein in Physik dilettierender, strubbelhaariger, unbestrumpfter Hobbygeiger geblieben, wenn seine neuartige Gravitationstheorie nicht experimentell bestätigt worden wäre. Erwin Finlay-Freundlich, Astronom in Potsdam, wollte Einstein helfen. Er entwarf ein Spezialobservatorium und gewann industrielle Sponsoren. Der mit Einstein befreundete Architekt Erich Mendelsohn sah endlich seine große Chance gekommen, etwas Zeitgemäßes zu schaffen.

»Ich übertrage zum ersten Mal Funktion und Dynamik als Gegensatzpaar auf das Gebiet der Architektur«, schrieb Mendelsohn. Wesentlich klarer als dieses Statement waren die wissenschaftlichen Zielvorgaben: Das vertikale Linsenteleskop mit 60 Zentimeter Durchmesser (Brennweite 14 Meter) musste ein vom übrigen Bauwerk unabhängiges Fundament erhalten.

Ein der Sonne nachgeführter Coelostat leitete das Sonnenlicht in das Turmteleskop, an dessen unterem Ende es horizontal in ein 14 Meter langes Spektrografenlabor gespiegelt wurde. Hier gedachte man, die Rotverschiebung des Sonnenlichts zu beobachten. Das erste Mal wurde der Apparillo am 6. Dezember 1924 getestet. An diesem Tag war auch Albert Einstein im Turm – er führte den Vorsitz bei der ersten Kuratoriumssitzung der geldgebenden »Albert-Einstein-Stiftung« der deutschen Industrie. Der Name »Einsteinturm« geht auf diese seine einmalige Präsenz zurück. Ein Nachweis der Rotverschiebung gelang übrigens erst in den 1950er Jahren.

Das kleine Bronzehirn im Pflaster des Vorplatzes stammt vom Berliner Künstler Volker März. Es korrespondiert mit einem gleichartigen Objekt vor dem Neurologischen Institut der Berliner Charité und verweist darauf, dass nach der Pöppel'schen Theorie »das Erleben der zeitlichen Kontinuität auf einer Illusion beruht«, die uns unser Gehirn vorgaukelt. Einstein hätte sich mit Pöppel und März sicher angeregt unterhalten können.

Adresse Albert-Einstein-Straße (ganz am Ende), 14473 Potsdam | **ÖPNV**
Bus 691, Haltestelle Telegrafenberg | **Öffnungszeiten** nur geführte Touren, Infos zu
Führungen beim Förderverein Großer Refraktor Potsdam e.V., Tel. 0331/2882324,
www.aip.de/grosser_refraktor | **Tipp** Vom Einsteinturm aus sieht man die Kuppel über
dem Großen Refraktor, der Hauptattraktion des Wissenschaftsparks Albert Einstein
für alle Nichtwissenschaftler. Es ist das drittgrößte Spiegelteleskop der Welt.

85_Der Pomonatempel

Schinkel, das war noch nichts

Ein Stararchitekt wie Friedrich Schinkel erfand natürlich bei jedem Bau die Architektur neu. In Potsdam steht sein bezeugtermaßen allererstes Gebäude, und es ist – nur bedingt revolutionär. Das Wingerthäuschen für den Besitzer des größten und schönsten der sonnenverwöhnten Oberweinberge am Südhang des Judenberges, des heutigen Pfingstberges, stellt eine kleine erste Fingerübung im damals beliebten Antikenzitieren dar.

Weinbauer Carl Ludwig von Oesfeld, der den Weinbau nur als Hobby betrieb (denn er war von Beruf Topograf), wollte seiner Frau eine Freude machen und gedachte, dazu einen bereits bestehenden kleinen Pomonatempel neu und schöner aufzuführen. Nun war nicht bekannt, wie das antike Pomonal, jenes Heiligtum der römischen Göttin der Baumfrüchte (von lat. Pomus = der Obstbaum) zwischen Rom und Ostia im Ager Solonius ausgesehen hatte. Doch der junge Mann, den Oesfeld beauftragte, frisch von der Akademie gekommen, würde sich schon was Feines ausdenken.

Schinkel ging die Aufgabe spielerisch an: Obwohl es doch eine römische Göttin war, nahm er für die Front ihres Tempels ein griechisches Vorbild – die Nordfassade des Erechtheions auf der Akropolis, die er aus populären Stichsammlungen abkupferte. Das eigentliche Weinbergshäuschen wurde als geschlossener Würfel dahintergesetzt: So war die Grundform des antiken Prostylos, des Minimaltempels, wenn man so will, erfüllt: Säulenreihe und Zelle, auch cella genannt.

Immerhin, etwas Innovation musste sein: Über eine Wendeltreppe in einem apsisartigen rückwärtigen Anbau gelangte man auf eine Dachterrasse, von der sich ein herrlicher Ausblick über Potsdam bot. Nach Oesfelds Tod verfiel das kleine Kunstwerk zusehends, bis Friedrich Wilhelm III. es 1817 kaufte, renovieren und mit jenem absurden Sonnendach versehen ließ, an das selbst ein genialer Schinkel nicht im Traume gedacht hätte.

Adresse Pfingstberg, 14469 Potsdam | **ÖPNV** Tram 92, 96, Bus 609, 638, 639, 697, Haltestellen Puschkinallee und Am Pfingstberg | **Öffnungszeiten** Das Belvedere liegt in einem Park, der immer zugänglich ist; es ist aber nur von außen zu betrachten. | **Tipp** Zwischen der Großen Weinmeisterstraße und Am Neuen Garten wächst das Mirbachwäldchen; am Aufstieg zu den Belvederes liegt die schon von außen beeindruckende Villa Quandt. Früher verbanden sich noch eher Geld und Geschmack.

86 Die Reiherkolonie

Immer munter losgereiht

Graureiher sind standorttreu und hart im Nehmen, das führen die Potsdamer Wildpark-Reiher vor. Etwa 1934 haben sie sich in einem 250 Bäume umfassenden Altkiefernbestand am Waldrand bei Geltow am Fuße des Schäfereiberges eingenistet. Wer sie finden und beobachten will, der folge vom Parkplatz der Firma Richter aus einfach Lärm und Gestank. Reiher sind keine Sangeskünstler – ihre Rufe klingen urweltlich, als sei man ins Erdaltertum gereist.

Weiße Flecken auf Blattwerk und Boden sind das sicherste Erkennungszeichen ihrer nistenden, brütenden oder fütternden Anwesenheit. Durch den massiven Vogelkoteintrag hat sich der Stickstoffgehalt des Waldbodens stark erhöht, sodass Holunderbüsche ein stellenweise dichtes Unterholz bilden.

Die Potsdamer Graureiherkolonie ist eine von 70 bis 80 Kolonien in ganz Brandenburg und steht seit 1989 unter Flächennaturdenkmalschutz. Oft trägt eine Kiefer mehrere Nester, die jedoch nicht alle belegt sind. »Spielhorste« für die Jungen kommen hinzu, das heißt Nester, in denen gar keine Brut und Aufzucht stattfinden. Sollte sich bewahrheiten, was man vermutet – dass die Kolonie sich rapide verkleinert hat –, so wäre nach Auffassung des NABU, der die Kolonisten beobachtet und ihre Horste zu zählen versucht, wohl kaum die laute Baustoffrecyclinganlage oder die Spaziergänger mit Hunden die Ursache. Vögel haben zwar Ohren, aber was sie hören, stört sie in der Regel nicht besonders. Und Hunde klettern nicht auf 20 Meter hohe Kiefern, um Reiher zu fressen.

Vielleicht verlängern die Industrieflächen die Futterbeschaffungswege zu sehr. Auch als Reiher hat man keine Zeit zu verlieren. Das Reich der Potsdamer Wildpark-Reiher hat das Reich der Nazis um 60 Jahre überdauert, das der SED um 20. Auch daran, dass die Kolonie schon länger als die BRD besteht, ändert sich voraussichtlich nichts, bis nicht auch der letzte Reiherkot auf die Blätter am Waldrand gefallen sein wird.

Adresse Wildparkstraße 15b, 14548 Schwielowsee-Geltow | **ÖPNV** Bus 580, 631, Haltestelle Geltow/Schäferstraße | **Öffnungszeiten** umsonst und draußen | **Tipp** In der Gaststätte Baumgartenbrück hat man beim Essen den wohl schönsten Blick über den Schwielowsee; beeindruckend auch die Drachenskulpturen auf der Seeterrasse (Baumgartenbrück 4, 14548 Schwielowsee).

87 Die Russische Kolonie

Drei Tage ohne Oper

Friedrich Wilhelm III. war ein wahrer Freund des Zaren Alexander I. Nur kurz und gegen seinen Willen hatte er sich von Napoleon in eine Feindesrolle gegenüber Russland drängen lassen. Als er umschwenkte, um an der Seite Alexanders Napoleon zu besiegen, wurden die Beziehungen zwischen beiden Ländern rasch wieder enger. Nach dem gemeinsamen Sieg nannte der Zar eines seiner Regimenter »König von Preußen«, und Friedrich Wilhelms Tochter Charlotte heiratete 1816 Alexanders Bruder Nikolaus. 1819/20 entstand das russische Bauernhaus bei der Pfaueninsel und wurde zu Ehren des königlichen Schwiegersohns »Nikolskoë« genannt.

Als Zar Alexander am 13. Dezember 1825 überraschend starb, trauerten der preußische Hof und die preußische Armee drei Wochen lang. Opernhäuser und Theater blieben für drei volle Tage geschlossen. Friedrich Wilhelm III. überwand seinen übergroßen Schmerz durch einen heroischen Plan: Ein Denkmal seiner Freundschaft mit Alexander sollte entstehen, wie die Welt noch keines gesehen hatte: in Gestalt eines echten russischen Dorfes in Potsdam.

Nachdem ihm Lenné verschiedene Grundrissentwürfe vorgelegt hatte, entschied sich der König für ein Andreaskreuz. Die 12 Häuser wurden in Ziegelbauweise ausgeführt und mit halbrunden Bohlen verkleidet, um den Eindruck von Blockhäusern vorzuspiegeln. Sänger aus dem russischen Chor des Königs, den er sich 1812 aus Kriegsgefangenen zusammengestellt hatte, waren die ersten Bewohner. Lange erfuhr die Öffentlichkeit gar nicht, dass es sich um ein Denkmal handelte – dem König lag nicht viel an PR. Die Russen indessen waren mit den Gärten und den Häusern schlicht überfordert. Sie lagen lieber betrunken in der Sonne, als sich um Ackerbau und Viehzucht zu kümmern. Erst als sie Mieter aufnehmen durften, kamen sie langsam aus den roten Zahlen. Bis 2008 lebten direkte Nachfahren der Ur-«Kolonisten« im Gedenkdorf für Zar Alexander I.

Adresse Russische Kolonie, 14469 Potsdam | **ÖPNV** Tram 92, 96, Haltestelle Rathaus | **Öffnungszeiten** Museum im Haus Alexandrowka 2: März–Okt. Di–So 10–18 Uhr; 15. Mai–15. Sept. Di–So 10–18 Uhr und Fr 10–21 Uhr; Nov.–Dez. Fr–So 10–17 Uhr; Jan. u. Feb. geschlossen | **Tipp** Original russische Küche, mal ein bisschen mehr als Soljanka, kann man im Restaurant Sakuska, mitten im »Denkmal« (Russische Kolonie 1), kosten: www.sakuska.de, Tel. 0331/2006478.

88 Die Säule vor der »Kiste«

Und ab ging die Post

Das Interhotel Potsdam auf dem Gelände des ehemaligen Lustgartens wurde in »5-MP-Plattenbauweise« errichtet. MP hieß nicht Maschinenpistole, sondern Megapond. (In heutigen Einheiten sind fünf MP etwa 49,05 Kilonewton.) Gebäude mit fünf MP waren für die DDR der Endsechziger eine Herausforderung und natürlich Renommierobjekte.

1969 eröffnete es als zwanzigstes Hotel der Interhotel-Kette. Stolz verkündete der Stadtführer von 1978: »Der Hochhauskörper … hat mit seinen 16 Obergeschossen eine Höhe von 54 m. Die Kapazität des Hotels beträgt 400 Betten in 200 Zimmern (fünf Zimmertypen). Alle Zimmer sind mit Bad beziehungsweise Dusche und einem Radio ausgestattet; auf Wunsch erhält der Gast auch Fernsehapparat und Kühlschrank.« Zu den Materialien in der Hotelhalle zählte unter anderem geschliffener bulgarischer Muschelkalk für die Rückwand der Rezeption. Das Interhotel war mit zwei Restaurants und einer Café-Bar ein Meilenstein der Potsdamer Hotellerie.

Apropos Meilenstein – die Säule vor dem heutigen Mercure, zusammengesetzt aus wechselweise glatten und ornamental verzierten Sandsteinquadern, ist ein Werk des DDR-Bildhauers Jürgen von Woyski. Im September 1970 aufgestellt, erinnert sie daran, dass am Postplatz noch 100 Jahre zuvor die Postkutscher hielten und sich bei der Preisberechnung für die Fahrten nach den Meilenangaben einer auf Berlin bezogenen Postmeilensäule richteten. An Woyskis Säule sind Entfernungen zu Städten der DDR und ausländischen Hauptstädten in Kilometern eingemeißelt. Da die Säule erst vor wenigen Jahren restauriert wurde, will man gar nicht glauben, dass ihre Zukunft so unsicher sein könnte wie die des Mercure-Hotels im Hintergrund, das von den Potsdamern nach wie vor »Kiste« genannt wird. Es gehört inzwischen der Blackstone-Hotelkette und ist, bei aller Kritik an seinem solitären Erscheinungsbild, bei Gästen von nah und fern beliebt: zentrumsnah und mit einmaligem Ausblick.

Adresse Lange Brücke, 14467 Potsdam | **ÖPNV** Tram 91, 92, 93, 96, 98, 99, Haltestelle Alter Markt/Landtag | **Tipp** Im Neuen Lustgarten wurde das Neptunbassin wieder freigelegt, das 1701 als Hafen für die königlichen Lustschiffe Friedrichs I. gebaut und 1750 von der Havel abgetrennt worden ist. Reste der Neptun-Gruppe, die einst das Becken schmückte, sind künstlerisch nachempfunden.

89 Die Scheinkirche

Toccata, Kaffee und Kuchen

Die slawische Burg Poztupimi war Potsdams Urzelle. Die Burg-
straße trägt sie noch im Namen. Ein Wall dieser Slawenburg war im
18. Jahrhundert noch zu sehen, doch der Soldatenkönig ließ ihn
kurzerhand wegräumen, um Platz für einen calvinistischen Predigt-
raum zu schaffen, dem 1728 ein Turm vorgebaut wurde. Aufregends-
tes Detail aus der fast 220-jährigen Geschichte der Heilig-Geist-Kir-
che ist das kurze Bach'sche Gastspiel am 8. Mai 1747. Der Maestro
hatte nach seinem Vorspiel bei Friedrich II. noch Lust, die Orgel des
Berliner Orgelbauers J. Wagner auszuprobieren.

Im April 1945 brannte die Kirche aus. Reste des Turms hielten
sich bis zum April 1974, bevor auch sie gesprengt wurden. Interesse
am Grundstück bekundete 1995 der Betreiber eines Seniorenstifts.
Bevor man aber mit dem Bau der geplanten »Residenz Heilig Geist
Park« beginnen konnte, musste die 1000-jährige slawische Burganla-
ge mit Beton zugedeckt werden. Anschließend wurde das Äußere
des früheren Kirchenbaus von Pierre de Gayette und Johann Friedrich Grael nach einem Entwurf des Italieners Augusto Romano Bu-
relli aus Venedig »zitiert«. »Erinnern, ohne zu kopieren« hatte die
Aufgabe des ausgelobten Architekturwettstreit gelautet, an dem sich
sechs Büros beteiligt hatten.

In dem heutigen Gebäude gibt es folglich keinen expliziten Al-
tarraum und auch keine Kirchenbänke. Nachfrage nach Predigt-
und Gottesdienstzeiten sind also vergeblich. Wohl aber kann man
am Samstag und Sonntag das herrliche Turmcafé besuchen und sich
bei Kaffee und Kuchen die Aussicht auf der Netzhaut zergehen lassen. Beim Ausheben der Fundamente hatte man, nebenbei bemerkt,
einen eingestürzten Weinkeller mit vollen Weinflaschen aus den Jahren 1937 bis 1939 gefunden. Das waren leider nicht die besten Jahr-
gänge. Damals wurde der Anfang vom Ende der Heilig-Geist-Kir-
che eingeläutet. Wie schön, dass wenigstens ihr Umriss wieder da
ist.

Adresse Burgstraße 31, 14467 Potsdam | **ÖPNV** Tram 93, 99, Haltestelle Burg-
straße/Klinikum | **Öffnungszeiten** Turmcafé: Sa, So, Feiertage 14–19 Uhr | **Tipp** Wer
mehr über Potsdams Ur-, Vor- und Frühgeschichte erfahren will, besuche das hervorragend aufgebaute, überaus informative und mit wechselnden Sonderausstellungen
immer wieder hervortretende Potsdam Museum im ehemaligen Kulturzentrum Hans
Marchwitza neben der großen Schinkelkuppel am Scheinschloss.

90___Der Schlaatz

Giebelbroschen im Wieselkiez

Die slawische Gewannbezeichnung »Schlaatz« bedeutet so viel wie »mitten im Sumpf«. Als Potsdam Ende der 1970er zu klein wurde und vor allem die Mitarbeiter von Polizei, NVA und Stasi kaum mehr Wohnraum fanden, wurde die Großsiedlung »Im Schlaatz« geplant. Nur im Süden war noch Platz zur Ausbreitung.

Bei diesem letzten Großbauprojekt der DDR hatte alles eine Bedeutung. Die Endungen der Straßennamen verrieten die Bauphase: 1 war -horst, 2 -hof und 3 -kiez. Überhaupt nahm man Wiesel und Biber statt Marx und Thälmann, denn die standen bei den Arbeitern und Bauern nicht mehr so hoch im Kurs. Bildchen an den giebellosen flachen Blöcken, »Giebelbroschen« geheißen und an den Türen wiederholt, sollten die Wohneinheiten unverwechselbar machen. Zum ersten Mal wurden mit Farbsplitt aufgehübschte Platten verbaut. Ein ausgeklügeltes Sackgassenkonzept sorgte für kinderfreundliche Verkehrsberuhigung.

Natürlich fehlte Geld. Schon beim Sandanlanden wurde raffiniert improvisiert. Aus einer Sandgrube wurde ein Sand-Wasser-Mix herangepumpt. 100.000 Lkw-Fuhren entfielen. »Nachverdichtung« hieß dann die Methode, um trotz des Wegfalls von drei zu teuren Hochhäusern auf die nötige Wohnungszahl zu kommen. »Nachverdichtung« ist ein toller Begriff, entlehnt wohl aus der Motorentechnik, um zum Scheitern verurteilte Projekte ideologisch zu retten. Es bedeutete: a) Verkleinerung der einzelnen Wohnungen und b) Erhöhung von zuvor kleinen dreigeschossigen Blöcken auf sechs Geschosse. Dass diese »Würfel« mangels Penunze keine Aufzüge hatten, wurde fröhlich in Kauf genommen.

Nach postwendischer Abwanderung hat sich der Schlaatz inzwischen gesundgewartet. Die Einwohnerzahl steigt, und allen gefällt's. Wenn auch nicht jeder die DDR-Fahne raushängt, so ist es doch ein Stück bleibender real existierender Sozialismus. Hase, Eichhorn, Biber, Igel, Sperber und Wiesel sei Dank!

Adresse Schilfhof 28, 14478 Potsdam | **ÖPNV** Tram 92, 95, 98, Haltestelle Bürgerhaus am Schlaatz | **Tipp** Das Jugendzentrum Alpha ist ein Beispiel dafür, wie rücksichtslos mit DDR-Architektur umgegangen wurde; es sah früher fetziger aus.

91 Die SchokoKunst

Ein Sklave? Ein Säckchen Kakaobohnen!

SchokoKunst wurde schon oft ausgezeichnet. Es ist einer der 100 besten Schokoläden der Welt. Leicht zu übersehen steckt das Autogramm eines berühmten Mannes in einem kleinen Rahmen: »For Susann Schoko Kunst … J.D.« Der Mann obendrüber ist unverkennbar, mit hochgeschobener Promischutzbrille – Johnny Depp. Ein Freund hatte ihm Schokobier aus der SchokoKunst mitgebracht.

Während man eine phantastische Trinkschokolade mit aufgestäubtem Herzen oder Stern genießt, kann man einen der zahlreichen Artikel über Susanne Müllers SchokoKunst lesen. Sie selbst hat meist zu viel zu tun und wenig Zeit für Fachsimpelei.

»Dunkle Schokolade ist gut«, sagt sie, wenn man sie fragt, ob es nicht dem Körper der Allgemeinheit schade, heute einen Schoko-Laden aufzuziehen. »Dunkle Schokolade senkt den Cholesterinspiegel und das Herzinfarktrisiko, sie muntert auf, steigert das Denkvermögen und erhöht den Stoffwechsel. Nach dem Essen sollte man ruhig ein Stück dunkle Schokolade genießen. Außerdem ist Schokolade ja kein Lebens-, sondern ein Genussmittel. Wer Hunger hat, isst eine Stulle. … Es soll ja Leute geben, die widerstehen können – ich meine, das ist Flunkerei. Schokolade bewirkt etwas in uns, mit Schokolade belohnen wir uns. Warum wohl war Schokolade bei den Mayas und Azteken ein Zahlungsmittel? Ein Sklave kostete Hunderte von Kakaobohnen.«

Wenn man sich umschaut, sieht man, dass hier eine Künstlerin am Werk ist. Ein Highlight der SchokoKunst thront über dem Tresen an der Wand, sorgfältig in Zellophan eingepackt, aber gut zu sehen: eine Kopie des berühmten Boucher-Bildes der O'Murphy, einer Lieblingsmätresse Ludwigs XV.: ganz nackt und ganz aus bemalter Schokolade. Wer Susanne Müller eine Freude machen möchte, der frage sie ganz einfach, ob er hier einziehen dürfe. Oder kaufe ein ordentliches Paket vom Allerfeinsten. Denn ohne ihren Laden wäre das ganze Holländerviertel nur halb so süß.

Adresse Hebbelstraße 46, 14467 Potsdam, Tel. 0331/2705599, www.schokokunst-potsdam.de | ÖPNV Bus 603, 609, 638, 639, 695, Haltestelle Hebbelstraße | Öffnungszeiten Di–Sa 11–18 Uhr | Tipp Das Jan Bouman Haus, Mittelstraße 8, bietet einen umfassenden Eindruck vom Stadtleben im Holländischen Viertel – Haus, Hof, Hofgebäude und Hausgarten aus dem 18. Jahrhundert zum Anfassen.

92 Die Seerose

Herr Beton hat sich in Schale geworfen

Ein Architekt kann viel entwerfen, aber nur selten bauen. Er braucht Bauingenieure. Mitunter stiehlt ihm sogar ein Bauingenieur die Schau. So geschah es fast allen Architekten, deren Gebäude ohne die Mithilfe des »Schalenbaumeisters der DDR« Ulrich Müther unausführbar geblieben wären. Wer weiß noch, welcher Architekt das Berliner »Ahornblatt« auf der Fischerinsel entwarf (2000 trotz Denkmalschutz abgerissen)? Niemand – aber dass es von Ulrich Müther ausgeführt wurde, wusste zumindest in der DDR jedes zweite Kind.

Müther, geboren 1934 in Binz auf Rügen, erwarb 1963 an der TU Dresden sein Diplom als Bauingenieur und wurde schnell ein Star der DDR-Baukunst. Wenn man ihn inoffiziell als »Schalenbaumeister der DDR« bezeichnete, so deshalb, weil er bei vielen der über 60 Gebäude, die mit seinem Namen verknüpft sind, Architekt und Bauingenieur und (dank des Müther'schen Familienbetriebes für Schalenbetonbau, ab 1972 VEB Spezialbetonbau Rügen) Bauunternehmer in einer Person war. Neben kleinen und Kleinstgebäuden – einem ufoartigen Wasserwachtturm in Binz, einer Konzertmuschel in Sassnitz oder simplen Buswartedächern – verwirklichte Müther vor allem große Pavillons, Stadthallen, Kirchen, Planetarien, eine Bobbahn und eine Moschee.

Die Sandbar am Neustädter Havelufer, inzwischen auch wieder Seerose genannt, stammt von 1982/83. Über einer von Schiffsbauern erstellten Holzschalung (innen sieht man noch heute die Holzabdrücke im Beton) wurde Spritzbeton aufgebracht und mit Stahlmatten verstärkt. Die selbsttragenden Schalen ruhen auf 104 Betonpfählen im weichen Seeufergrund. Vorbild für den Bau war ein 1958 in Xochimilco (Mexiko) errichtetes Café des Schalenbaumeisters Félix Candela, den Müther lebenslang als seinen Lehrmeister begriff. Wer die Seerose goss, ist klar. Entworfen hat sie, nebenbei bemerkt, der Architekt Dieter Athring.

Adresse Breite Straße 24, 14467 Potsdam, Tel. 0331/2014708 | ÖPNV Bus 606,
Haltestelle Naturkundemuseum | Öffnungszeiten Mi–So ab 12 Uhr | Tipp Die
Moschee nebenan war ein Pumpenhaus; Besichtigung Mai–Oktober Sa, So 10–18 Uhr.

93 _ Die Siedlung Vorderkappe
Der Katze gefällt's

Nach dem Ersten Weltkrieg waren Wohnungen in Potsdam Mangelware. Nahe der Vorderkappe, einer Havelbucht an der Halbinsel Hermannswerder, ließ die Stadt 1919 eine Behelfssiedlung aus leichten Holzhäusern errichten – leicht mussten sie sein, weil sie auf einer alten Müllkippe stehen sollten.

Die Häuser hatten daher dünne Bretterwände, und als Dämmstoffe nahm man Sägemehl und Sägespäne. Pro Haus gab es vier Wohnungen mit Eingangstür, zwei Zimmern, Küche, Toilette, Keller und Schornstein. Der Hausgarten sollte die Selbstversorgung fördern – wahrscheinlich war der Müll der Jahrhundertwende ja weit weniger schadstoffbelastet als der heutige. Ein städtischer Gärtner betreute die Außenanlagen, es gab ein zentrales Waschhaus mit mehreren Waschküchen, einer Heißmangel und einem gemeinschaftlichen Wäschetrockenplatz. Doch mit den Jahren brach das alles weg. Was blieb, waren die Holzhäuser. In der DDR kostete eine Wohnung an der Vorderkappe 25,60 Mark Miete, heute 300 Euro.

Von den ursprünglich 19 Häusern steht heute noch ein halbes Dutzend, einige sind verlassen und werden wohl bald abgerissen. Von einst bis zu 40 Bewohnern ist noch eine Handvoll übrig, die eisern die Stellung halten will. Einer wurde sogar in seinem Haus geboren. Jeder, der sein Haus noch bewohnt, hat ein unbefristetes Wohnrecht. Nur die nicht mehr zu vermietenden leer stehenden Häuser müssen weichen. Vandalismus bei Leerstand – zu große Brandgefahr, meint die Besitzerin der Häuser, die Gemeinnützige Wohnungsbaugesellschaft GEWOBA.

Die Bewohner lieben ihre Holzhäuser. Wenn man nur ordentlich heizt, wird es im Winter warm, und gegen den Regen hilft die Dachpappe. Die Lage ist wunderschön, zur Vorderkappe sind es nur ein paar Schritte. Baden und im Wald spazieren, alles im Preis inbegriffen. Auch die Katze vor der Tür schätzt ihr von Autos unbedrohtes, mäusenahes Leben sichtlich.

Adresse An der Vorderkappe, 14473 Potsdam | **ÖPNV** Bus 607, 608, 643, 693, Haltestelle Templiner Eck | **Tipp** An der Vorderkappe kann man herrlich baden. Wer dagegen Architektur liebt, muss das Chausseehaus anschauen: Templiner Straße 30, am Templiner Eck; ein Zolleinnehmerhaus, gebaut 1804 als Zolleinnehmertypenhaus nach Plänen der preußischen Landbauschule von David Gilly.

94_Der Sportpark
Wehrsport am Zigarrenort

Potsdam sollte einst das Luftfahrtzentrum Europas werden, nachdem Berlin diesbezüglich Desinteresse bekundet hatte. Der um Erlaubnis zur Firmenansiedlung gefragte Kaiser Wilhelm II. – ein Liebhaber der Technik – rief entzückt aus:»Endlich haben die Kerls mal eine vernünftige Idee!«

Der Traum währte nur kurz, denn der Strom der Luftreisenden blieb aus. Aus dem Lufthafen wurde eine Werft. 16 Luftschiffe wurden in Potsdam gebaut, bis das Versailler Abkommen die Deutschen zur Landung zwang. 1922 wurde die große Luftschiffhalle schon wieder abgerissen. Doch die Riesenzigarren beschäftigten weiterhin die Phantasie der Potsdamer. 1927 wurde der »Land- und Wassersportplatz Luftschiffhafen« eröffnet, ein ausgedehnter funktionaler Sportpark für alle – genau das übrigens, was man auch heutzutage im Sinn hat.

Magistratsrat Dr. Friedrich Bestehorn betonte 1927 bei der Einweihung die »höhere« Bedeutung des Ortes: »Als Denkmal der im Weltkriege Gefallenen ist der Sportplatz ein Mahner der Jugend« Sollte im Turnväterlichen Wettkampfsinne heißen: Frisch, fromm, fröhlich, frei, bis wir stark genug sind, den Franzosen und aller übrigen Welt eins auf den Deckel zu hauen. Auch die wehrsportbegeisterte DDR hat Jahn überall verehrt. In einem Mosaik hinter dem Wohnheim der Sportschule Potsdam neben der alten Kanurampe ist sein aus Ton geknetetes und gebranntes Kopfrelief zu sehen.

Noch heute stehen das Portal zum einstigen Zeppelinflugfeld, einige Werkshallen (die Shedhallen) sowie das Verwaltungs- und Sozialgebäude der Deutschen Luftschifffahrtsaktiengesellschaft DELAG. Das einst herrliche Freibad fehlt seit 1945, und auch vom Publikumsmagneten Nummer eins der zwanziger, dreißiger und vierziger Jahre, dem Restaurant Regattahaus, findet sich bloß die atemberaubende Hülle. Eines der wenigen genutzten Relikte des alten Sportgeländes ist die Tribüne des Stadions Luftschiffhafen von 1926.

Adresse Zeppelinstraße 108, 14471 Potsdam | **ÖPNV** Bus 580, 631, Haltestelle Luftschiffhafen | **Öffnungszeiten** immer geöffnet; die meisten Gebäude sind nur für Sportler zugänglich | **Tipp** Beim Regattahaus wurde ein Musikpavillon von 1932 restauriert, und in der Kanuabteilung des Olympiastützpunktes wird die zu DDR-Zeiten revolutionäre Gegenstromanlage weiter genutzt. Sie sollte die Ost-Kanuten 1984 zu olympischem Gold ertüchtigen. Aber dann nahm man aus Polit-Gründen nicht teil.

95_Die Sprungschanze
Jedem seine Skisprung-Chance

Auf dem 86 Meter hohen Schäfereiberg im Wildpark Pirschheide weideten früher die Geltower Schafe. Wandert man von der Zeppelinstraße in Richtung auf das Bayrische Haus, kommt man 200 Meter vor dem Hotelparkplatz an einen sandigen Waldweg, der aufwärts nach links führt. Am höchsten Punkt wende man sich nach rechts. Der bewaldete Grat führt einen zunächst an einer Sendeanlage vorbei. Dann fordert linker Hand eine Bank zum Hinsetzen auf. Ein steiler, grasbewachsener Hang lugt durch die Zweige. Hier befand sich von 1958 bis 1970 Potsdams Skisprungschanze.

Die Legende will wissen, dass es umgesiedelte sudetendeutsche Wintersportler aus dem Riesengebirge waren, die ihre geliebte exaltierte Sprungdisziplin auch im Exil auszuüben gedachten. Die Sektion Skisport der SG Geltow entstand und mit ihr ein elf Meter hoher hölzerner Anlaufturm. Zwischen dem Beginn des Anlaufs hoch droben und der tiefsten Stelle am Fuße des Berges lagen 45 Meter. Der sogenannte Konstruktions-Punkt der Schanze (K-Punkt genannt) saß 30 Meter unterhalb des Schanzentisches. Dieser Punkt bezeichnet die Stelle, an der der Aufsprunghang abzuflachen beginnt. Er dient als Ausgangspunkt für die Berechnung der Weitenpunkte in der Sprungwertung.

Viele Potsdamer sahen hier zum ersten Mal Skisprünge. Rekordhalter auf der 30-Meter-Schanze war und ist Karl Lorenz aus Kleinmachnow mit 29,0 Metern. Er ist somit fast am K-Punkt der Schanze gelandet. Viel mehr wäre hier nicht möglich gewesen. Das letzte Skispringen fand 1970 statt. Danach fehlte dem Verein bedauerlicherweise das nötige Kleingeld, um die Schanze zu renovieren. Von unten, wo der Auslauf noch gut zu erkennen und sogar ein Stück Absperrstahlseil zu finden ist, blickt man durch ein Loch im Blätterwald auf die grasbewachsene Stelle, wo sich in etwa der Schanzentisch befunden haben muss. Jauch, Joop, Plattner: Greift in die Portokasse!

Adresse nahe Hotel Bayrisches Haus, Elisenweg 2, 14471 Potsdam | **ÖPNV** Tram 91, 93, 96, 99; Bus 631, Haltestelle Bayrisches Haus | **Tipp** Das Bayrische Haus wurde von König Friedrich Wilhelm IV. für seine Gattin Elisabeth Ludovica, geborene Prinzessin von Bayern, im Almhausstil gebaut. Angeblich weil sie Heimweh hatte.

96 Die Stasi-Verwaltung

Zeigen Sie mal Ihre Papiere!

Die Stasi-Bezirksverwaltung Potsdam war die größte ihrer Art in der DDR. Ende 1989 arbeiteten in der riesigen Plattenburg 3.926 Hauptamtliche, 41 Offiziere im besonderen Einsatz (OibE) mitgerechnet, die unter strengster Geheimhaltung in sicherheitsrelevanten Positionen außerhalb des Hauses eingesetzt wurden. 15 Kreisdienststellen (KD) von B wie Belzig bis Z wie Zossen waren ihr angegliedert. Dort waren zusammen 753 Mitarbeiter beschäftigt.

Der Bezirk war für die 119,2 Kilometer langen Außengrenze zu Westberlin mitverantwortlich, das bedeutete: Überwachung der verschiedenen Mauerbereiche, der 125,1 Kilometer Kontakt- und Signalzaun, der 244 Hundelaufanlagen, der 43 Erdbunker, der zwei- bis dreifach gestaffelten Streckmetallzäune und vielem anderen mehr. In den Grenzübergangsstellen Drewitz, Staaken, Stolpe, Griebnitzsee, Mahlow, Nedlitz, Dreilinden, Kleinmachnow und der Brücke der Einheit in Potsdam (Glienicker Brücke) waren 898 hauptamtliche Stasimitarbeiter der Pass- und Kontrolleinheiten (PKE) beschäftigt. Bis November 1989 verhaftete die Stasi im Bezirk 2.044 Bürger wegen »versuchter Republikflucht«.

Für die flächendeckende Kontrolle der Potsdamer Stadtbevölkerung sorgten 9.633 Inoffizielle Mitarbeiter (IM). 1961 bis Ende 1989 ermittelte die Stasi im Bezirk Potsdam gegen 1.114 Personen wegen Hetze, Staatsverleumdung, Beeinträchtigung staatlicher Tätigkeiten, Widerstand gegen staatliche Maßnahmen, ungesetzlicher Verbindungsaufnahme und anderer »staatsfeindlicher Aktivitäten«. Eigentlich war das doch eine erstaunlich geringe Aufmüpfigenquote.

Nach Jens Gieseckes »Wer war wer im Ministerium für Staatssicherheit« hießen die Leiter der Stasi-Bezirksverwaltung in Potsdam: Emil Wagner (1952–1955), Rudi Mittig (1955–1963), Julius Michelberger (1963–1971), Siegfried Leibholz (1971–1985) und Helmut Schickart (1985–1989).

Adresse Hegelallee 8, 14467 Potsdam | **ÖPNV** Tram 92, 96, Haltestelle Nauener Tor | **Öffnungszeiten** nur Außenansicht möglich; reicht aber auch | **Tipp** Die Fassade des nahen Potsdamer Amtsgerichts, man möge sagen, was man wolle, ist sehenswert!

97 Das Steuben-Denkmal

Man wird ihn einfach nicht los

Gegenüber der Kommandantur in der Schloßstraße stand es einst, das Bronzedenkmal des preußischen Offiziers von Steuben, das der Kongress der USA 1911 dem deutschen Kaiser Wilhelm II. geschenkt hatte. 1945 jedoch wurde das Geschenk vom Luftdruck einer detonierenden amerikanischen Bombe gestürzt. Man räumte es nebst anderen gefallenen Denkmalskollegen aufs Potsdamer Bauhofgelände.

Der Immigrant Steuben war 1777 zum Generalinspekteur der US-Kontinentalarmee geworden und hatte die Truppe gehörig auf Vordermann gebracht. Sein »Drillbook« war bis ins 19. Jahrhundert das Handbuch der Rekrutenausbildung, und er wurde ein Nationalheld. In New York steigt jährlich die Steuben-Parade.

In Potsdam interessierte das 1950 keinen. »Wir bitten um Zuteilung von 500 kg Bronzeschrott für die Durchführung unserer Aufträge und Instandsetzung von Maschinen …«, schrieb das KWU Bauhof an die Ratsplanungsabteilung. »Bei der Erfassung von Buntmetallen beziehungsweise Buntmetallschrott sind wir im Rahmen der Feststellung auf Denkmäler, die in Potsdam aufgestellt waren, gestoßen«, schrieb diese daraufhin der Materialbeschaffungsabteilung im Handelsministerium und vertrat die Ansicht, »daß die Denkmäler der vergangenen Hohenzollernepoche zum größten Teil nichts mit Kulturgut zu tun haben, das unbedingt als Überlieferung erhalten bleiben müßte«. Am 12. Juni 1950 schließlich teilte die Vereinigung Volkseigener Betriebe ALTSTOFFE (SCHROTT) der Planungsabteilung mit, »daß wir die auf dem Gelände Bauhofstraße 2–8 vorhandenen Bronzedenkmäler abgeholt und zur Verladung gebracht haben. Mit Zustimmung des Städt. Museums sind gleichfalls die Denkmäler Friedrich II. und Wilhelm I. verschrottet worden.«

Manfred Stolpe ergriff 1994 die Initiative und ließ eine Kopie des original Steuben-Denkmals in Washington vis-à-vis vom Weißen Haus anfertigen und wieder in Potsdam aufstellen.

Adresse Breite Straße 1a, 14467 Potsdam | **ÖPNV** Tram 91, 92, 93, 96, 98, 99, Haltestelle Alter Markt/Landtag | **Tipp** Ein Aufstieg aufs Kolonnadendach der Nikolaikirche von Schinkel ist Pflicht (Öffnungszeiten Mo–Sa 10–19 Uhr).

98 Das Studioschaufenster
Kombinationen freigestellter Personen

Die Glaspaläste und Galerien des 19. Jahrhunderts verhießen eine sonnendurchflutete, lichte Zukunft, und das erste gläserne Filmstudio in Babelsberg wurde 1912 gebaut, weil man die Sonne als kostensparende Beleuchterin einspannen wollte. Auch in der Wilhelmgalerie am Platz der Einheit spielt das Tagesgestirn eine große Rolle. Wo in der DDR die flache Kaufhalle Bazar und das zweigeschossige Schuhkaufhaus standen – mit dem nun leider für immer verlorenen Keramikrelief »Geschichte des Schuhs« von Manfred Rößler –, wurde ein massiver Konsumpalast errichtet, dessen mittlerer Lichthof mit seinem transparenten Dach Metropolenatmosphäre heraufbeschwört.

Live kann man, genüsslich einen Kaffee schlürfend, die Studiogäste von Potsdam TV schwitzen sehen. Der seit 2012 der evangelischen Hoffbauer-Stiftung gehörende Lokalsender hat sich ein hypermodernes, 1,5 Millionen Euro teures Green-screen-Studio geleistet und für jedermann einsehbar zwischen die Boutiquen gesetzt. Da werden keine Kulissen mehr geschoben. Für die verschiedenen Sendungen stellt ein Computer die lebenden Personen vor dem Grün frei und kombiniert sie kostensparend mit virtuellen Hintergründen. Ein Klick, und der Studiogast sitzt in Sanssouci.

Bislang ist der Sender noch im Aufbau begriffen, doch mit insgesamt drei TV-Studios, einem Tonstudio in der Wilhelmgalerie sowie mit einem Rucksack-Fernsehsender will man bald nicht nur Potsdam, sondern auch den Kreis Potsdam-Mittelmark samt Beelitz fest im Blick haben. »Wir produzieren im Herzen von Potsdam, einer Stadt mit spürbarem Bevölkerungswachstum und hoher Wirtschaftskraft«, sagt die Homepage. »Hallo Potsdam« ist das erste an fünf Tagen in der Woche ausgestrahlte Lokalmagazin. Es geht natürlich auch evangelischer: Das »Pflege-TV« mit Menschen, um die sich normalerweise in den Medien keiner mehr kümmert, gibt's bald auch als Medien-App.

Adresse Charlottenstraße 42, 14467 Potsdam, Tel. 0331/2985430, www.potsdamtv.de | **ÖPNV** Tram 91, 92, 93, 96, 98, Haltestelle Platz der Einheit Nord | **Öffnungs-zeiten** Wilhelmsgalerie Mo–Fr 8–22 Uhr, Sa, So 10–18 Uhr | **Tipp** Die Papeterie »Müller's Tintenfass« führt alles, was das Herz des gehobenen Schreibers begehrt: www.muellers-tintenfass.de.

99__Die Teeküche

Da wackelten die beweglichen Köpfe

Vor dem sogenannten »Chinesischen Teehaus« stauen sich die Besucher. Und es ist ja auch wirklich einmalig. Errichtet von Johann Gottfried Büring 1754 bis 1756 für Friedrich den Großen, zählt es zu den Höhepunkten der höfischen »Chinamode«, die seit dem 17. Jahrhundert in Europa grassierte. All dies war wiederum nur ein Teil der geistesgeschichtlichen Strömung des Exotismus, der europäischen Sehnsucht nach dem Exotischen, die kaum einen Unterschied machte zwischen Türkei, Ägypten, Afrika, Indien, China, Japan, Honolulu oder Tahiti: Hauptsache, es war irgendwie exotisch. In »Kuriositätenkabinetten« wurden die Kunstschätze gehortet, die von den Entdeckungsfahrten des 16. und 17. Jahrhunderts nach Europa gelangten. Durch Seehandelskompanien (wie auch Friedrich eine hatte, die »Königlich Preußische Asiatische Compagnie in Emden nach Canton und China«) kamen Tee, Zink, Seide und Porzellan in europäische Seehäfen, wo sie gewinnbringend versteigert wurden.

Doch was ist ein Teehaus, in dem ja auch mal Tee getrunken oder festlich getafelt werden sollte, ohne Küche? Sie steht etwas abseits, am Schafgraben, und keiner beachtet sie, denn nichts weist auf ihre Bedeutung hin. 1763 ebenfalls von Johann Gottfried Büring erbaut, war sie das Servicegebäude. Hier wurden Tees und Gebäcke für die Pagodengesellschaft vorbereitet.

Die ursprüngliche Bemalung mit schlangenförmigen Verzierungen und Blumen sowie die fünf Pagoden aus Blech mit beweglichen Köpfen auf dem Dach sind leider nicht mehr vorhanden. So konnte ein deutscher Architekt abschätzig urteilen: »Die ehemalige chinesische Küche zeigt die etwas gequälte Konfrontation der wirklichen deutschen Baukultur mit dem chinesischen Ornament.« Er hat sie nicht im Original gesehen! Wir leider auch nicht. Aber das wäre nun mal wirklich ein lockendes Objekt der architektonisch-restaurierenden Begierde.

Adresse Ökonomieweg – Sanssouci 11, 14467 Potsdam | **ÖPNV** Bus 605, 606, Haltestelle Auf dem Kiewitt | **Öffnungszeiten** Der Park ist ganzjährig täglich von 8.30 Uhr bis zur Dämmerung geöffnet. | **Tipp** Über die ältesten Bäume des Parks (lebendiges 18. Jahrhundert!) aus der Schulze'schen Plantage in Sanssouci stolpert man, wenn man von der historischen Mühle geradeaus weitergeht. Links, da sind sie!

100___Der Telegrafenberg

Freizeichen abwarten

Friedrich Wilhelm III. hatte in Frankreich die revolutionären optischen Telegrafen nach dem System von Chappe gesehen. Weil er aber zur Entscheidungsschwäche neigte, geriet man ins Hintertreffen. Als er endlich den Bau einer optischen Telegrafenlinie für administrative Meldungen von Berlin in die Rheinprovinz anordnete, war die Technik schon überholt.

Dennoch wurde 1832 eine 550 Kilometer lange Abfolge von 62 Signalstationen gebaut. Als Träger der vierten Station kam der 94 Meter hohe größere Bruder des Brauhausberges bei Potsdam gut gelegen. Die Potsdamer Besatzung hatte auf die dritte und die fünfte Station auf dem Schäferberg bei Wannsee beziehungsweise auf dem Fuchsberg bei Glindow zu achten. Drei Paar sogenannter »Indikatoren« – per Hebelzug verstellbare zweigeteilte Flügelklappen – dienten der Signalübermittlung. Nach einem ausgeklügelten Alphabet konnte ein Zeichen in etwa zehn Minuten die gesamte Distanz zurücklegen. Da man sich Abkürzungen für die meisten der dienstlichen Mitteilungen überlegt hatte, waren in wenigen Stunden selbst komplexere Texte zu übertragen. Das war immer noch schneller, als einen Brief mit dem Expresskurier zu schicken.

Mit der elektrischen Telegrafie, dem »heißen Draht«, verschwand der preußische optische Telegraf 17 Jahre nach seiner Inbetriebnahme auch schon wieder. Der seither »Telegrafenberg« genannte Berg zog allerdings bald den wissenschaftlichen und technischen Fortschritt an. Vor allem für Institute, die reine Luft, Freiheit von Störlicht und freie Sicht zu den Sternen brauchten, war er attraktiv. Er wurde für lange Jahre zum Standort Nummer eins für die moderne Astrophysik, Geodäsie und Meteorologie. Berühmte Bauten sind – neben der Kuppel mit dem Großen Refraktor – der Einsteinturm und der Helmertturm (siehe Bild). Ein Rundgang ist nach kurzer Anmeldung beim Pförtner möglich. Ausführliche Erklärungstafeln geben Auskunft.

Adresse Telegrafenberg, 14473 Potsdam | **ÖPNV** Bus 691, Haltestelle Telegrafenberg | **Öffnungszeiten** Mo–So 8 Uhr bis zur Dämmerung | **Tipp** Der Deutsche Wetterdienst hat hier eine seiner Hauptstationen: Sie ist Bestandteil des beschilderten Rundwegs über den Telegrafenberg.

101 __ Die Teufelsbrücke

Eckpfeiler gerade hoch zu Kalkspuren

König Friedrich Wilhelm IV. ließ Friedrich Ludwig Persius die Brücke 1843 aus Rüdersdorfer Kalkstein erbauen, um einen wildromantischen und geheimnisvollen Spazierweg zwischen Krongut und Klausbergbelvedere zu bekommen. Den tiefen Graben zog man erst 1786, um einen Ablauf für den Bornstedter Dorfsee zu schaffen, der bei Hochwasser die unangenehme Angewohnheit besaß, den Weiler zu überschwemmen. Doch alle Romantik fand ein Ende, als eine unterirdische Verrohrung das Wasser direkt in den Lindstedter Abzugsgraben leitete. Da hatte der Teufelsgraben seinen Reiz als rauschende Wildbachschlucht verloren, und die Brücke geriet ins Abseits.

»Organischer Sonnenaufgang« hat ein Boulderer (Freikletterer) eine von bislang zwölf beschriebenen Kletterrouten an der Teufelsbrücke genannt: »Freney-Pfeiler gerade hoch.« Als Schwierigkeitsgrad werden fünf minus bis sechs angegeben. Hm. Mal ausprobieren ... Gar nicht schlecht. Der Brücke geht es substanziell prächtig, denn Freikletterer machen nichts kaputt, schlagen keine Haken ein und lassen keine Spuren zurück. Im Gegenteil: Sie überprüfen das Bauwerk ständig unentgeltlich. Bei einer der schwierigeren Routen, dem »Durchbruch« (mit sieben plus genauso heftig wie »klein und bissig«), steht denn auch im Kletterratgeber: »Eckpfeiler umrunden, teilweise leider etwas bröselig.« Die Teerflecken, die Kalkspuren, alles ist erfasst, sodass selbst der zuständige Denkmalpfleger staunen dürfte. Damit es gesagt ist: Klettern ist hier weder verboten noch erlaubt. Wer es dennoch wagt, hat aber wahrscheinlich nur ein paar Mückenstiche zu erwarten und landet eventuell im tiefen Morast.

Die letzten Graffiti sind beseitigt, nur schwache Abbilder blieben zurück. Alte Postkarten vom Anfang des 20. Jahrhunderts zeigen das frühere, filigran gemauerte Brückengeländer, das dem Bauwerk erst den letzten Pfiff gegeben hatte.

Adresse Teufelsgraben (Bornstedt), Ribbeckstraße, 14469 Potsdam | ÖPNV Tram 92, Haltestelle Kirschallee | Tipp Auf dem Bornstedter Friedhof sind mehrere große Gärtner, Gartengestalter und Architekten beerdigt: die Hofgärtnerfamilie Sello, der Königliche Gartendirektor Peter Joseph Lenné sowie die Oberbauräte Friedrich Ludwig Persius und Heinrich Ludwig Manger.

102 Die Villa Louis Hagen

Geld spielt keine Rolle, außer man hat es nicht

Das Gebäude ist eines der wenigen Zeugnisse des »Neuen Bauens« in Potsdam, doch es war beileibe keine Reißbrettplanung, sondern eine Art Bauhausspielerei des Hausbesitzers Louis Hagen, dem Sohn von Karl Hagen (Besitzer der Villa Karlshagen im Sportpark Luftschiffhafen), Teilhaber des Berliner Bankgeschäfts Wiener, Levy & Co, Mitglied des BMW-Aufsichtsrats und Großaktionär des Kiepenheuer-Verlags. Es wird demnächst wohl abgerissen, aber wiederaufgebaut.

Die Architekten Otto Block und Heinz Ebert machten aus einem Jahrhundertwendemärchenschloss mit gläsernem Aussichtsturm, mehreren Dachterrassen, Veranden und Wintergärten (in einem Gartenhaus entstand 1923 der allererste Animationsfilm »Die Abenteuer des Prinzen Achmed« der Kiepenheuer-Tochter Lotte Reiniger) schrittweise einen verrückten Bauhaustraum.

Ein Bootshaus für Hagens Elektroboot musste her – es brachte ihn täglich zum Bahnhof Griebnitzsee, obwohl er auch eine seiner 14 Limousinen hätte nutzen können. Die bekamen eine Tiefgarage mit Autoaufzug. Auf das Bootshaus ließ sich Hagen eine Turnhalle mit flachem Dach aus Glasbausteinen und aufschiebbaren Fensterwinden setzen. Was gab es sonst noch im Haus? Einen Boxring, ein Kino sowie eine Dusche nach amerikanischem Vorbild, wo das Wasser von den Seiten kam. Für Hagens Frau Vicki und die fünf Kinder, darunter der spätere Filmemacher und Journalist Louis Edmund Hagen, muss es das Paradies gewesen sein.

Hagens Villa erlebte in der DDR eine irgendwie stilechte Nachblüte als Rechenzentrum des VEB Informationsverarbeitung Potsdam. In der früheren Turnhalle befand sich die Datenerfassungsstelle, im ehemals holzgetäfelten Speisezimmer des Bankiers stand der Großrechner EC 1020, dessen Komponenten aus verschiedenen RGW-Ländern stammten. Ein kommunistischer Großrechner in der ehemaligen kapitalistischen »Bankiersstraße« – genial!

Adresse Bertinistraße 23, 14469 Potsdam | **ÖPNV** Bus 604, 609, 638, 639, Haltestelle Am Golfplatz | **Öffnungszeiten** nur von außen zu besichtigen | **Tipp** Wenn man an der Villa Jakob (einem Neubau) vorbei ist, beginnt der wilde Uferweg nach Fahrland. Das nun ist ein echter Uferweg, der sich gewaschen hat: öffentlich, unverbaut und voller kleiner Überraschungen.

103 Die Villa Schöningen

Stacheldraht und Hundegebell

Es ist ein sehr modernes Museum – anzutippende Bildschirme, ein ausgewogenes Verhältnis von Exponaten, Erklärungstafeln und Bildern. Fast ein wenig zu schön das Ganze angesichts des Gegenstandes, der hier verhandelt wird: die schmutzige, heruntergekommene, von Stacheldraht und Hundegebell bestimmte Zeit der deutschen Teilung. Zeitzeugen führen auf Wunsch die Besucher, und seit Neuestem gibt es eine DDR-Wohnzimmer-Installation von Stefan Roloff mit gespenstischen Ausblicken auf die Grenzanlagen.

Das Kuriose an der Villa Schöningen ist, dass sie es geschafft hat, im Grenzsperrgürtel zu überleben. Als Haus für den Hofmarschall des Prinzen Carl von Preußen war sie gebaut worden, mit dem Hintergedanken, dass dadurch das vom Carl'schen Park aus unübersehbare hässliche Vorgängerhaus beseitigt werden würde. Villa Schöningen hieß der 1845 beendete Bau, weil die Familie des Hofmarschalls Kurd von Schöning aus dem Städtchen Schöningen stammte. So weit, so Schöning.

Es folgten die Irrungen und Wirrungen eines Persiusbaues: wohlhabende Besitzer bis zum Heraufziehen der braunen Horden, dann Emigration, Überschreibung an eine nicht jüdische Ehefrau, Enteignung in Abwesenheit, Lazarett der Sowjets, Volkseigentum der DDR, Kinderwochenheim des Freien Deutschen Gewerkschaftsbundes bis 1995, Grundstücksspekulation, Abrissantrag – zum Glück abgelehnt, Leerstand, doch dann: Liebhaberkauf mit Vision und Geld durch den Vorstandschef von Axel Springer.

Die Villa Schöningen ist heute ein Multifunktionshaus für Geschichts- und Kunstinteressierte. Neben der Historie beleben wechselnde Ausstellungen international hochkarätiger Künstler das schmucke Gebäude. »Traum und Trauma« der einst geteilten, jetzt wiedervereinten Nation fand Bundeskanzlerin Angela Merkel in ihrer Eröffnungsrede hier verkörpert. Man möchte es umdrehen: Trauma und Traum!

Adresse Berliner Straße 86, 14467 Potsdam | **ÖPNV** Tram 93, Bus 316, Haltestelle Glienicker Brücke | **Öffnungszeiten** Do, Fr 11–18 Uhr, Sa, So 10–18 Uhr | **Tipp** Das Jagdschloss Glienicke, nach einer 14 Millionen Euro teuren Sanierung 2012 wiedereröffnet, ist ein Paradebeispiel für einen lebendigen Umgang mit der Vergangenheit; trotz aller Unkenrufe hat man die (der seinerzeitigen Grenzsituation geschuldeten) Umbauten Max Tauts nicht rückgebaut, sondern ebenfalls saniert. Der öffentlich zugängliche Park hat Schwingtüren, um den Wildschweinen den Zutritt zu erschweren.

104_ Die Villa Thiemann

Was Schalk-Golodkowski übrig ließ

Die Thiemann-Villa in ihrem heutigen Zustand gehört der Stiftung Preußische Schlösser und Gärten. Obwohl sie Teile eines nach 1733 errichteten Vorgängerbaus enthält, der einst vom königlichen Hofgärtner Joachim Ludwig Heydert (1716–1794) und später von seinem Sohn Martin Ludwig (1788–1862) bewohnt wurde, fand das Gebäude keine Aufnahme in den Masterplan zur Rettung gefährdeter Baudenkmale. Joachim Ludwig Heydert war nicht nur ein großer Ananas- und Gehölzgärtner mit reicher Berufserfahrung außerhalb Potsdams, sondern auch ein begnadeter »Grottierer«. Von ihm stammt die Ausgestaltung der Grotte im Sanssoucipark. Auch an der Ausführung des Muschelsaals im Neuen Palais war er maßgeblich beteiligt.

1921 kaufte Sigismund Thiemann das frühere Heydert'sche Haus, das im 19. Jahrhundert umgebaut worden war. Thiemann hatte bereits damals eine große Kunstsammlung. Nach dem Zweiten Weltkrieg entwickelte sie sich zur reichsten Privatsammlung der DDR. Thiemanns Witwe vererbte sie den »Staatlichen Schlössern und Gärten Potsdam-Sanssouci« mit der Auflage, dass die Stücke im Land blieben. Doch die Stiftung scherte sich darum nicht und betrieb den devisenbringenden Ausverkauf der ihr zu treuen Händen überlassenen Kunstschätze, um Material und Werkzeug für Restaurierungen ihrer Bestände kaufen zu können. Die Firma »Kunst und Antiquitäten GmbH« (KuA) des Bereichs Kommerzielle Koordinierung (KoKo) von Alexander Schalk-Golodkowski verscherbelte fast alles, was die Thiemanns zusammengetragen hatten, in den Westen.

Heute sind im Garten nur noch kleine Reste der Sammlung zu sehen. Einiges wurde ins schützende Depot gebracht, etwa eine hölzerne Christusfigur, die Statue einer unbekannten ägyptischen Göttin und eine Replik des berühmten antiken »Betenden Knaben« von Boidas. 1994 hatten Vandalen sie vom Sockel gerissen, später im Wald weggeworfen, wo die Stadtreinigung sie fand.

Adresse Friedrich-Ebert-Straße 83, 14469 Potsdam | **ÖPNV** Tram 92, 96, Haltestelle Nauener Tor | Öffnungszeiten nur von außen zu besichtigen | **Tipp** Der Treffpunkt Freizeit, Am Neuen Garten 64, war früher das Haus der Jungen Pioniere »Erich Weinert«; eigentlich hat sich nicht viel verändert, bloß arbeiten die heutigen Kinder ohne ideologische Scheuklappen. Der selbst geschaffene Planetengarten aus liebevoll in Mosaiktechnik gebildeten farbenfrohen Planetenskulpturen ist ein Hingucker, schon beim Vorbeifahren, www.treffpunktfreizeit.de.

105 Der Wachtelberg
Nördlich des Weinpolarkreises

Ein Hausbuch von M. Johannes Colerus über den Weinbau in der Mark Brandenburg aus dem Jahr 1598 zog für die örtliche »VINICULTURA« ein ödes Fazit. In dieser für den Weinbau grenzwertigen Region konnten nur risikofreudige Weinbauern ihren Schnitt machen, denn oft blieb die Ernte wegen Frost und Mehltau viele Jahre in Folge aus. Kunstdünger gab es nicht, daher mussten Berge von Kuhmist in die Wingerte gekarrt werden. Wenn's jedoch einmal gelang, war der Profit enorm.

Vor dem Dreißigjährigen Krieg überzogen Weinberge das Land. Auch im 18. Jahrhundert standen Reben an der Südostflanke des Potsdamer Pfingstberges. Friedrich der Große liebte die lokalen Weine – anders als etwa den Rheinwein. In den Talutmauern seiner Sanssouciterrassen wurden allerdings weniger Trauben für die Keltern angebaut, sondern vor allem Tafeltrauben zum Essen.

Carl Renatus Hausen urteilte 1798: »Die Weine von Potsdam und bei der Mediatstadt Werder, wenn sie ordentlich überall von der Kelter aus behandelt werden, könnte man den gewöhnlichen französischen Weinen, wenn nicht vorziehen, doch völlig gleich halten. … Dieser rothe Wein kommt … dem Medok sehr nahe.«

Heute wird in Potsdam kein Wein mehr angebaut. Am Wachtelberg in Werder indessen, dem heute nördlichsten Wingert weit und breit, kultiviert Dr. Manfred Lindicke seit 1996 mit großem Erfolg zahlreiche weiße und rote Rebsorten und keltert vor Ort exquisite Weine. Eine Flasche Werderaner (weinbaurechtlich dem Anbaugebiet Saale-Unstrut zugeordnet) kostet knappe zehn Euro und ist jeden davon wert. Besonders zünftig und beliebt ist die Einkehr in der Straußwirtschaft »Weintiene«. Schon der Theologe Colerus wusste, »daß das Ingenium eines Menschen, der ein stark Gehirn hat, / mehr gescherfft wird / wenn er einen rechten gesunden Wein trincket / als sonsten wenn er ihn nicht trinket«. In diesem Sinne: Sehr zum Wohl!

Hegel

Hegel ist eine Kreuzung aus den Rebsorten *Helfensteiner x Heroldrebe*. Sie entstand 1955 an der Staatlichen Lehr- und Versuchsanstalt für Wein- und Obstbau in Weinsberg. Diese rote Rebsorte wurde dem Philosophen Georg Wilhelm Friedrich Hegel gewidmet.
Als Standort für die Rebe sind Spätburgunder-Lagen geeignet. Der Wein ist vollmundig und feinfruchtig.

Adresse Wachtelwinkel 30, 14542 Werder (Havel) | **ÖPNV** Bus 631, Haltestelle Werder (Havel)/ Kölner Straße | **Öffnungszeiten** Straußwirtschaft »Weintiene«: Mitte Juni–Mitte Okt. Fr ab 14 Uhr, Sa, So ab 10 Uhr; zusätzlich ab Aug. Mo–Do 14–20 Uhr | **Tipp** In der historischen Saftfabrik Lendelhaus, Am Markt 21, gibt es einen Regionalia-Laden; vielfältige Veranstaltungen rund um Most und Wein finden das Jahr über statt – auch Verkostungen von Wachtelbergtröpfchen im gehobeneren Ambiente, www.lendelhaus.de.

106 Der Wasserkontrollpunkt

Leeren Sie mal Ihre Netze!

1970 wurde die GÜST (Grenzübergangsstelle) Nedlitz/Jungfernsee gebaut. Unter Nutzung und künstlicher Übertreibung der natürlichen Havelenge zwang man die aus- und einfahrenden Schiffe dazu, in einen 25 Meter breiten Durchlass einzufahren, der von zwei 1,7 Tonnen schweren Kombinationen aus Stahlseil und Metallnetz – absenk- und anhebbar mittels einer starken Motorwinde – gesichert war. Kein Taucher sollte hier von einem Schiff aus unbemerkt durchkommen. Zum Ablassen der »Schwimmsperre« waren 35 Sekunden, zum Anheben 37 Sekunden notwendig. Es gab solche Tauchversuche, aber sie sind alle gescheitert.

Vom heute noch gut erhaltenen Wachturm aus wurde die Schwimmsperre bedient. Erst wenn der zuständige Grenzkontrolloffizier vom Zollkontrollboot aus »Freigabe« signalisierte, wurde die Durchfahrt freigegeben. Das Grenzgebiet und Kontrollterritorium der GÜST war durch Tonnen und Warnschilder gekennzeichnet. An vorgesehenen Liegeplätzen für ein- und ausreisende Schiffer konnte festgemacht werden. Bis zum 26. Mai 1972 mussten die Bootsführer an Land gehen und sich – wie die armen Schweine der übrigen Transitreisenden – in einer Baracke am Schalter abfertigen lassen. Und wehe, es hatte einer aus dem Westen versäumt, seinen Personalausweis verlängern zu lassen! Der musste in einen Ost-Passbildautomat und sein genervtes Gesicht ablichten lassen, damit man ihm für zehn Westmark einen Behelfsausweis erstellte. Das bräunliche Passbild war schon zerfallen, wenn er im Westen ankam.

Entsprechend dem Abkommen zwischen der DDR und der Bundesrepublik über die Aufhebung der Personenkontrollen wurden mit Wirkung vom 1. Juli 1990 sämtliche Kontrollen an den innerdeutschen Grenzen aufgehoben. Die Ufergebäude der GÜST Nedlitz wurden noch kurz von einer Werft genutzt. Heute stehen sie leer. Im Zaun der Gutmann-Villa hat sich noch ein Tor der GÜST erhalten.

Adresse Bertinistraße 18–22, 14469 Potsdam | **ÖPNV** Bus 603, 631, 639, 695, Halte-stelle Höhenstraße | **Öffnungszeiten** nur Außenansicht | **Tipp** Die Villa des ehemaligen Chefs der Dresdner Bank – Herbert Max Gutmann – gehört heute Nadja Uhl, die sie behutsam und beharrlich restauriert. Schmuckstück im Innern, inzwischen vor weiterem Verfall durch eine Dachsanierung geschützt, ist ein »Arabicum«: ein mit kostbaren Hölzern getäfelter Raum im arabischen Stil. Keine Besichtigung möglich.

107 Das Wassertaxi

Potsdams gelbe Stromlinie

Natürlich denkt man, wenn man es sieht, nur eins: Venedig! Man sieht den Lido und die pfeilschnellen Boote vor sich, ohne die man, wenn man kein eigenes Motorboot hat, in der Lagunenstadt aufgeschmissen wäre. Hier mag man innehalten und sich fragen, ob nicht auch Potsdam teilweise auf Pfählen erbaut ist und nicht ebenfalls seine 1.000 Kanäle und Wasserwege hat? Wird die Stadt nicht allein von zehn Kilometern Havel durchzogen? Ist sie nicht sogar völlig von einer über 40 Kilometer langen Wasserroute umzirkelt, also praktisch eine flutenumrauschte wunderschöne Insel?

Die Antwort auf jede dieser Fragen lautet Ja. Daher hat Potsdam seit 2007 auch ein Wassertaxi, inzwischen sogar zwei, und ist daher europaweit in einem Club mit etwa einem Dutzend Mitgliedern (unter anderem Venedig, Wien, Basel, Amsterdam, Rotterdam, Düsseldorf und Hamburg). Den Vergleich mit Bootstypen von Wassertaxen weltweit (etwa mit den hemmschuhförmigen New Yorkern oder den schwimmenden Eingeborenenhütten auf dem Niger) brauchen die beiden Stromlinienkutschen auf der Havel nicht zu scheuen. Man fährt in Gedanken schon mit, noch bevor man überhaupt in einen der gelben Wasserschlitten eingestiegen ist. Das kann man an 13 festen, stündlich bedienten Haltestellen nachholen, was freilich den Klang des Wortes »Taxi« etwas dämpft. Am Ufer zu winken, bringt nichts. Man hat zur rechten Zeit am richtigen Ort zu sein.

Eine schöne Umsetzung des üblichen ÖPNV-Systems auf Potsdams Wasserwelt ist die Gliederung in Tarifzonen. Gern bezahlt man 3,50 Euro für den einfachen Haveltransfer oder 35 Euro für das Familienganztagsticket. Dazwischen finden sich normale Linienverkehrspreise. Schnellrouten zwischen Parks und Biergärten locken: vielleicht vom Schiffbauerdamm über die Heilandskirche zur Durstlöscherin Meierei? Wenn es regnet, fährt das verschiebbare Kabinendach über die Köpfe im Wassertaxi.

Adresse Lange Brücke 6, 14473 Potsdam, Tel. 0331/2759210, www.potsdamer-wassertaxi.de | **ÖPNV** alle Linien, Haltestelle Hauptbahnhof | **Tipp** Stilecht essen nach einem Wassertaxitag kann man nur auf der John Barnett, dem Schiffsrestaurant an der Schiffbauergasse 12a, Tel. 0331/2012099.

108 — Das Weberdorf

Die spinnen, die Böhmen!

Das 1750 von Friedrich II. ins Leben gerufene »böhmische Etablissement bey Potsdam« war ein wirtschaftlicher Glücksfall. Gewebe wurde im Soldatenstaat Preußen immer reichlich gebraucht, und Weber waren noch bis ins 19. Jahrhundert ein pflegeleichter Berufsstand. Nach der nahebei gelegenen Siedlung Neuendorf wurde die Weberkolonie bald »Nowawes« (gesprochen: nowaweees) genannt. Bis ins 19. Jahrhundert ging es den Neuendorfer Webern und Spinnern recht gut. Selbst die anfangs schwierige Zucht der Seidenraupe, deren Futterpflanze – der Maulbeerbaum – im kalten Preußen nicht sofort gedeihen wollte, gelang irgendwann. Einer steht noch heute auf dem Weberplatz.

Die Ausstattung der Siedlungsplätze mit Gärten und Viehställen ermöglichte ein relativ gesichertes Leben. Erst nach den Karlsbader Beschlüssen 1819, mit denen der besondere Schutz vor ausländischer Konkurrenz wegfiel, begann das Weberelend in Preußen. Die Errichtung einer Musterwebschule mit modernen Maschinen 1855 durch Regierungsrat August Wichgraf konnte den Niedergang jedoch stoppen und spann dem Weber- und Spinnerhandwerk einen Faden in die Industrialisierung.

Über die Geschichte des einstigen Bauerndorfes Neuendorf und der Weber- und Spinnerkolonie Nowawes informiert das Stadtteilmuseum »Nowaweser Weberstube« in einem ehemaligen Kolonistenhaus von 1752. Fotos, Schriftstücke und historische Exponate im liebevoll restaurierten Lehmbau zeigen anschaulich den Aufstieg von Nowawes (das 1907 aus Neuendorf und Nowawes gebildet wurde und 1924 Stadtrecht erhielt) zur Stadt Babelsberg (die 1938 aus der Vereinigung von Nowawes mit der Villenkolonie Neubabelsberg hervorging). 1939 erfolgte die Eingemeindung Babelsbergs nach Potsdam.

An der Fassade der alten Webschule erinnert ein Kopfrelief an den Jungkommunisten Herbert Ritter, der 1931 auf dem Weberplatz von Nazis ermordet wurde.

Adresse Karl-Liebknecht-Straße 23, 14482 Potsdam | **ÖPNV** Tram 94, 95; Bus 693, Haltestelle Alt Nowawes | **Öffnungszeiten** Nowaweser Weberstube Di, Do 13–16 Uhr, außerhalb der Öffnungszeiten können Besucher Stadtteilführungen vereinbaren, Ansprechpartnerin: Dr. Almuth Püschel, Tel. 0331/500374, E-Mail: almuthpueschel@aol.com | **Tipp** Eisenbahnfreunde gehen ins »Gleis 6« direkt am S-Bahnhof Babelsberg, wo ihnen im 10-Minuten-Takt die Schienen über den Köpfen klingen: www.gleis-6.de.

109 Der Wildpark

Ein Stein dem greisen Wildtöter

Man betritt ihn traditionellerweise durch das Hirschportal am Forsthaus Sanssoucitor hinterm ehemaligen Kaiserbahnhof (Bahnhof Wildpark). Christian Daniel Rauch, seinerzeit Berliner Starbildhauer, schuf die beiden Prachthirsche 1844/45. Lange hielten die Russen sie als Beutekunst unter Verschluss. Seit 2006 stehen sie wieder auf ihren Postamenten.

Der Wildpark war kein Wildpark im heutigen Sinne, Kurfürst und Konsorten hatten nie einen Streichelzoo. Der Hohenzoller (bis auf Friedrich II., Friedrich Wilhelm II. und Friedrich Wilhelm III.) war ein passionierter Jäger und Wildverzehrer. Hier wurde das Wild bloß gehegt, um ihm ein stilvolles Ende auf der königlichen oder kaiserlichen Tafel zu ermöglichen.

Die Wildmeisterei, das von Persius entworfene Zentralgebäude, ist heute eine feine Waldschule, wo Jung und Alt Verbindung mit der Natur aufnehmen können. Anfangs, als eine beabsichtigte Teepavillonnutzung durch Friedrich Wilhelm IV. doch nicht zustande kam, wurde hier der kaiserlichen Jagd zugearbeitet. Der blecherne Jagdschirm unweit davon an einem Wegestern im Gelände diente den blaublütigen Jägern als Regendach.

Verschiedene Denkmale geben Zeugnis von den kaiserlichen Jagderfolgen. Jagdgedenkstein Nord westlich des Forsthauses Nordtor ist ein kleiner Findling, auf dem steht: »Se. M. der Kaiser Wilhelm I erlegte hier einen weißen Edelhirsch mit 12 Enden am 11. August 1884.« Da war Old Willem schon 87. Jagdgedenkstein Süd westlich des Kellerberges meldet: »Weiland Seine Majestät, der Kaiser Friedrich III., streckte hier seinen letzten Hirsch, einen weißen Edelhirsch mit 16 Enden am 16. November 1885 [nieder].« Der Beckmesser muss jetzt freilich anmerken, dass der 88-Tage-Kaiser Friedrich III. 1885 noch nicht Kaiser, sondern bloß Kronprinz war. Der Findling wurde erst nach seinem Tod aufgestellt. Für den Erhalt tritt heute der Wildpark e.V. ein.

Adresse Am Wildpark, 14469 Potsdam | **ÖPNV** RE 1, RB 20, RB 21, RB 22, Haltestelle Park Sanssouci | **Öffnungszeiten** Der sogenannte Wildpark ist ein immer zugängliches Waldgebiet. | **Tipp** Der Kaiserbahnhof gehörte ursprünglich auch zum Wildpark. Zu NS-Zeiten stand hier der Befehlszug des Reichsjägermeisters Göring in Bereitschaft. Heute sitzt hier der Führungsstab der Deutschen Bahn AG.

110 __ Der Winzerberg

Potsdams einziges Bergwerk

1763 hatte Friedrich der Große die neue Traubenplantage zur Versorgung seiner Tafeln mit Weintrauben anlegen lassen. Der erste Planer, Johann Gottfried Büring, wurde entlassen, weil er bei dem feuchten, sich bewegenden Hanggrund 29.000 Taler teure, extrem tiefe Fundamente geplant hatte. Der König ließ jetzt nach eigenem Gutdünken billige Mauern ohne Fundamente bauen – sie fielen binnen Monatsfrist schon wieder zusammen. Am Ende kostete ihn der Spaß mit richtigen Fundamenten sogar 36.000 Taler.

Unter Friedrichs Nachfolgern wurden bauliche Veränderungen, vor allem Verschönerungen, geplant, aber nur zum Teil ausgeführt. Friedrich Wilhelm IV. wollte auf dem Berg ein Friedrichmonument errichten lassen, zu dem eine Via Triumphalis in Bögen durch den Weinberg hinaufführen sollte. Zeugnisse dieses unvollendeten Vorhabens sind das fertiggestellte Triumphtor im Tal und die großen Reliefe an den Terrassen. Im Laufe der Zeit verkam die Anlage völlig. Ein Bürgerverein gräbt sich seit 2005 durch die Geschichte des Berges und stellt fleißig wieder her. Trümmer wurden nummeriert, um an Originalstellen wieder eingefügt zu werden. Diplomanden der FH Potsdam haben statische Neuberechnungen der in der Tat auch heute sehr schwierigen Hangmauern beigesteuert.

Bei ihren Untersuchungen stießen die Wingerter auch auf die Reste von Potsdams einziger Bergwerksanlage – eines Bunkers aus drei Stollen, die NS-Rüstungsminister Albert Speer 1944 durch Zwangsarbeiter bauen ließ. 3.000 Potsdamer sollten bei Luftangriffen tief unter den Weinstöcken Schutz finden. Die Glasfenster der Treibhäuser wurden grau angestrichen, damit Feindflieger keine Spiegelungen sahen. Nach 1945 sprengten die Russen die ersten zehn Meter des Eingangs. Im Innern ist aber noch viel erhalten. Der Eingang ist »reversibel verfüllt«, damit einer späteren Erschließung nichts im Wege steht.

Adresse Ecke Weinbergstraße/Schopenhauerstraße, 14469 Potsdam | **ÖPNV**
Bus 605, 606, 610, 631, Haltestelle Luisenplatz Süd/Park Sanssouci | **Öffnungszeiten**
Führungen über das Gelände an jedem 1. Samstag im Monat ab 10 Uhr, mehr Infos im
Internet unter www.winzerberg.de | **Tipp** Die Bildergalerie im Park Sanssouci ist mit
250 Jahren der älteste noch erhaltene Museumsbau des alten Preußen.

111 Die Wüste Mark

Den Klassenfeind schön ackern lassen

Im »Potsdam Atlas« des »VEB Tourist Verlag von 1978« findet sich auf einer Übersichtskarte ein dunkles, im Kolorit der Staatsgrenze gehaltenes Rechteck in der Parforceheide, neben dem steht: »Zu WB (Westberlin)«. Die sogenannte Wüste Mark, 21,83 Hektar messend, war kein Einzelfall. Es gab mehrere Flächen, die zwar von DDR-Land umgeben waren, de jure aber zu Westberliner Territorium gehörten. Die Wüste Mark war unbewohnt und nicht eingezäunt. Nur Grenzgebietsschilder waren aufgestellt.

1959 hatte der Zehlendorfer Landwirt Hans Wendt die Idee, die Brache vom Westberliner Senat zu pachten und wieder zu bewirtschaften. Zwar verzögerte die Grenzschließung 1961 das Vorhaben, doch Wendt blieb dran und hatte schließlich diplomatischen Erfolg. Deviseneinnahmen waren begehrt.

Mit Sonderpassierschein tuckerte er von 1965 an via Grenzübergang Dreilinden auf der Autobahn zu seinem gepachteten Stück, um kapitalistischen Ackerbau in einer westlichen Luftblase mitten im Feindesland zu betreiben. Wendt baute vor allem Roggen an; mitunter auch Kartoffeln der Sorten »Bostara« und »Clivia«. Aus der wüsten Wüste Mark wurde ein belebtes Ackerland. Bauer und bis zu fünf Erntehelfer durften dort sogar übernachten.

1988 tauschten DDR und Westberlin zum zweiten Mal »Gebiete«. Gegen harte Devisen und einige Bruchstücke auf DDR-Gelände – so auch die Wüste Mark – erhielt Berlin fehlende Puzzlestückchen im Stadtbild, etwa das Lenné-Dreieck am Potsdamer Platz, den Hottengrund und den Großen Kienhorst.

Da man das am grünen Tisch entschieden hatte, ohne auch nur an Bauer Wendt zu denken, traf diesen die Veränderung zu hart: Er starb an einem Herzinfarkt. Sohn Christian hatte schon Winterroggen ausgebracht und viel Geld in einen geplanten biologisch-organischen Feldgemüseanbau gesteckt. Alles verloren! Heute ist die Wüste Mark wieder wüster denn je.

Adresse Parforceheide, 14532 Stahnsdorf | **ÖPNV** Bus 601, Haltestelle Güterfelde/ Friedensstraße, anschließend Wanderung (besser jedoch kommt man per Fahrrad von Steinstücken aus dorthin) | **Tipp** Von der alten Reichsautobahn 51 zwischen Kreuz Zehlendorf, Dreilinden und Potsdam, die als Verlängerung der AVUS um 1940 gebaut wurde, im Zuge des Neubaus der Kontrollpunkte Drewitz und Dreilinden zwischen 1969 und 1972 jedoch stillgelegt wurde, liegen noch Bruchstücke im Wald.

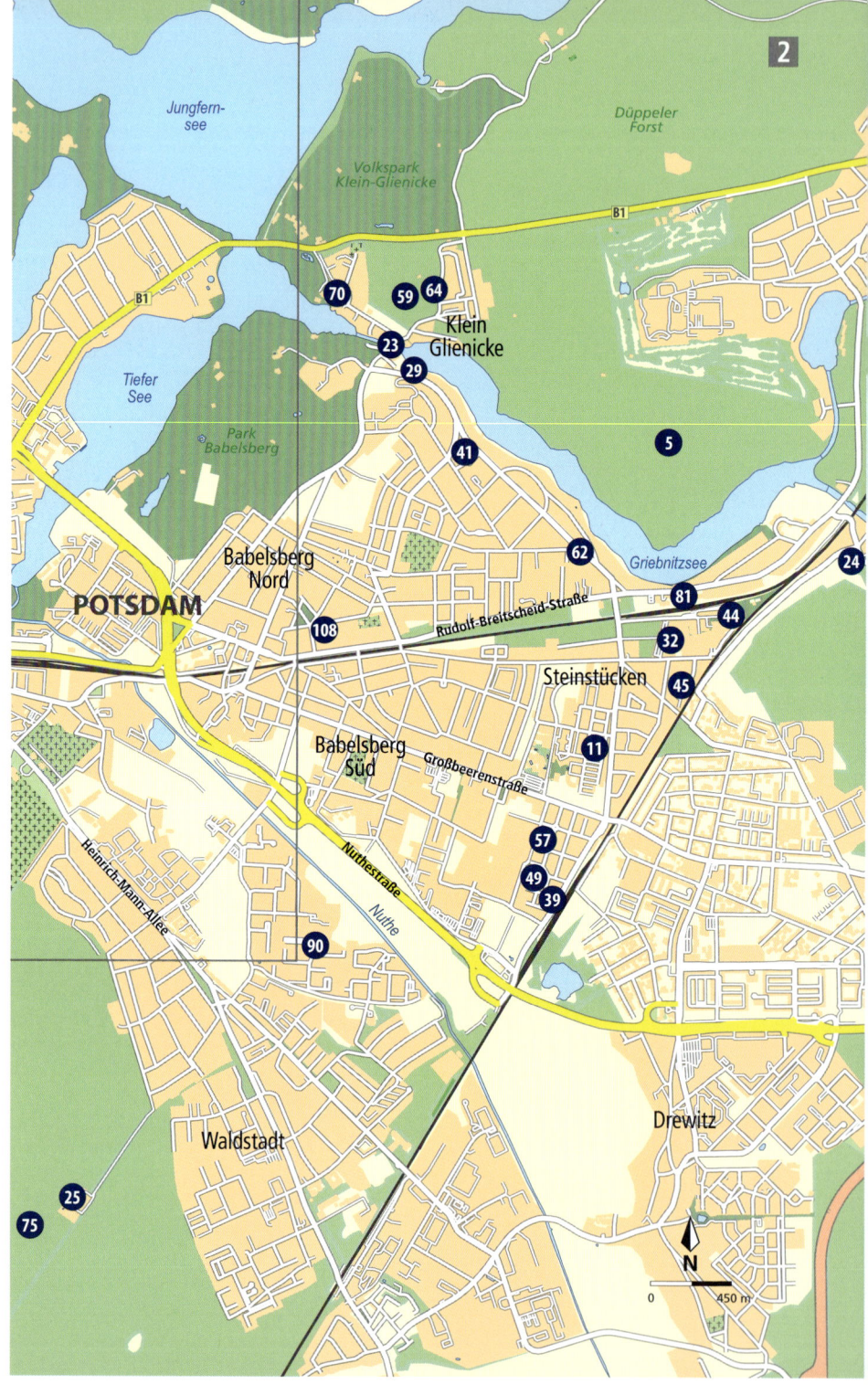

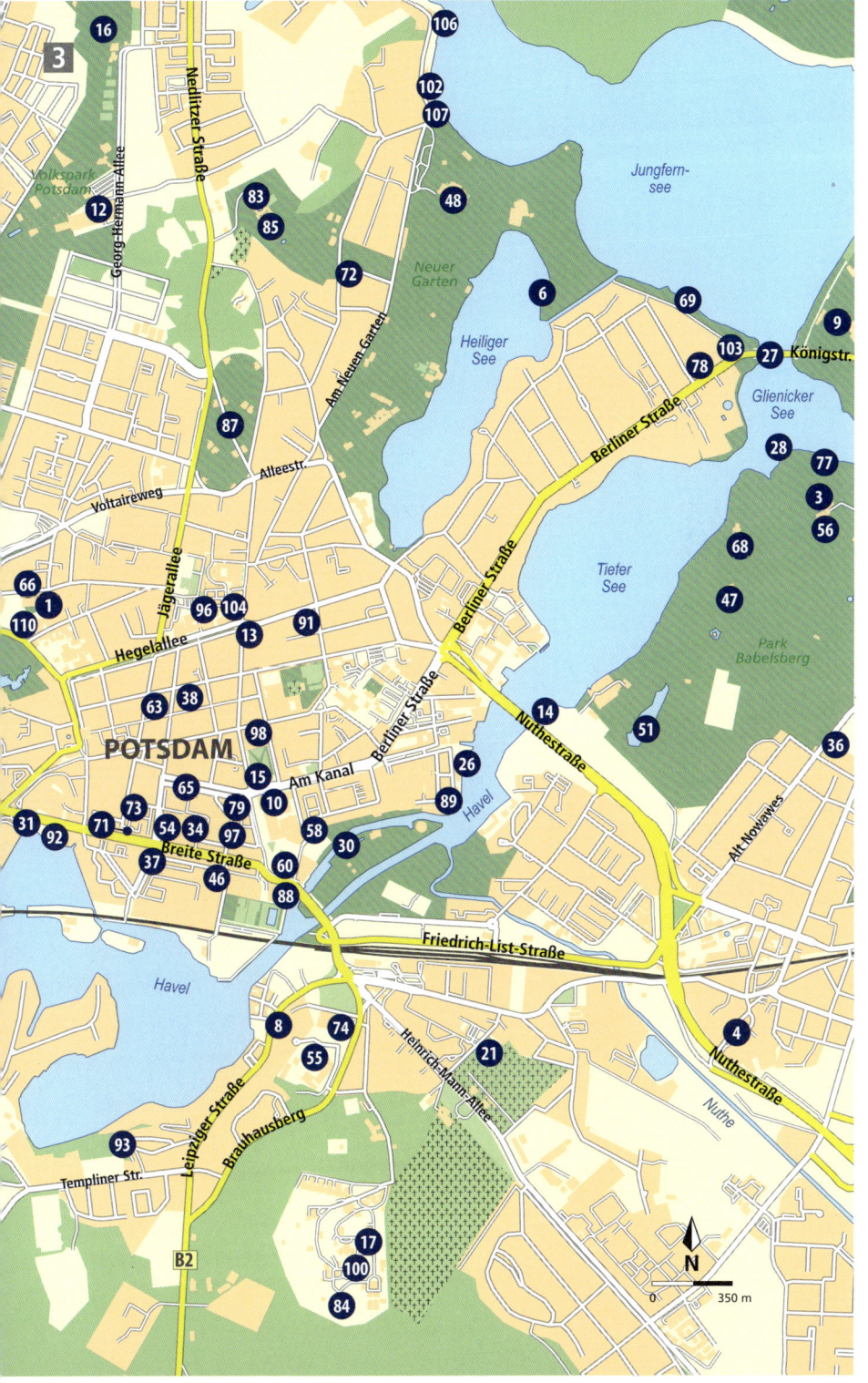

Rüdiger Liedtke
111 Orte auf Mallorca, die man gesehen haben muss
ISBN 978-3-89705-975-7

Susanne Thiel
111 Orte in Madrid, die man gesehen haben muss
ISBN 978-3-95451-118-1

Ralf Nestmeyer
111 Orte in der Provence, die man gesehen haben muss
ISBN 978-3-95451-094-8

Peter Eickhoff
111 Orte in Wien, die man gesehen haben muss
ISBN 978-3-89705-969-6

Stefan Spath
111 Orte in Salzburg, die man gesehen haben muss
ISBN 978-3-95451-114-3

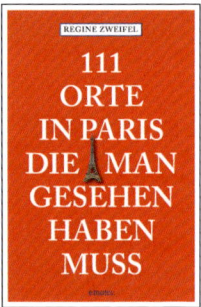

Regine Zweifel
111 Orte in Paris, die man gesehen haben muss
ISBN 978-3-89705-823-1

Dirk Engelhardt
111 in Barcelona, die man gesehen haben muss
ISBN 978-3-95451-066-5

John Sykes
111 Orte in London, die man gesehen haben muss
ISBN 978-3-95451-117-4

Annett Klingner
111 Orte in Rom, die man gesehen haben muss
ISBN 978-3-95451-219-5

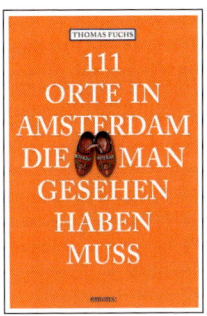

Thomas Fuchs
111 Orte in Amsterdam, die man gesehen haben muss
ISBN 978-3-95451-209-6

Stefan Spath, Gerald Polzer
111 Orte im Salzkammergut, die man gesehen haben muss
ISBN 978-3-95451-231-7

Christiane Bröcker, Babette Schröder
111 Orte in Stockholm, die man gesehen haben muss
ISBN 978-3-95451-203-4

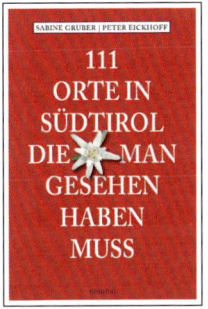

Sabine Gruber, Peter Eickhoff
111 Orte in Südtirol, die man gesehen haben muss
ISBN 978-3-95451-318-5

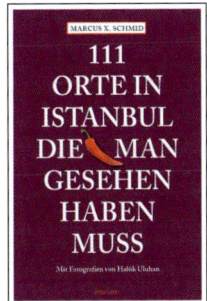

Marcus X. Schmid
111 Orte in Istanbul, die man gesehen haben muss
ISBN 978-3-95451-333-8

Gerd Wolfgang Sievers
111 Orte in Venedig, die man gesehen haben muss
ISBN 978-3-95451-352-9

Rüdiger Liedtke, Laszlo Trankovits
111 Orte in Kapstadt, die man gesehen haben muss
ISBN 978-3-95451-456-4

Eckhard Heck
111 Orte in Maastricht, die man gesehen haben muss
ISBN 978-3-95451-368-0

Petra Sophia Zimmermann
111 Orte am Gardasee und in Verona, die man gesehen haben muss
ISBN 978-3-95451-344-4

Lucia Jay von Seldeneck,
Carolin Huder, Verena Eidel
**111 Orte in Berlin, die
man gesehen haben muss**
ISBN 978-3-89705-853-8

Bernd Imgrund
111 Kölner Orte, die man
gesehen haben muss
Band 1
ISBN 978-3-89705-618-3

Lucia Jay von Seldeneck,
Carolin Huder, Verena Eidel
**111 Orte in Berlin,
die Geschichte erzählen**
ISBN 978-3-95451-039-9

Rike Wolf
**111 Orte in Hamburg, die
man gesehen haben muss**
ISBN 978-3-89705-916-0

Gabriele Kalmbach
**111 Orte in Stuttgart, die
man gesehen haben muss**
ISBN 978-3-95451-004-7

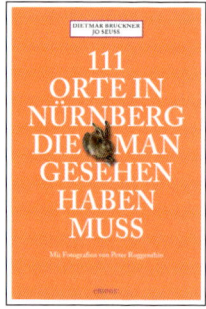

Dietmar Bruckner, Jo Seuß
**111 Orte in Nürnberg, die
man gesehen haben muss**
ISBN 978-3-95451-042-9

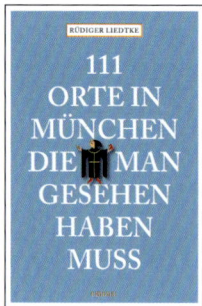

Rüdiger Liedtke
**111 Orte in München, die
man gesehen haben muss**
ISBN 978-3-89705-892-7

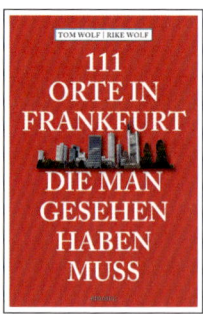

Rike Wolf, Tom Wolf
**111 Orte in Frankfurt, die
man gesehen haben muss**
ISBN 978-3-95451-342-0

Peter Eickhoff
**111 Düsseldorfer Orte, die
man gesehen haben muss**
ISBN 978-3-89705-699-2

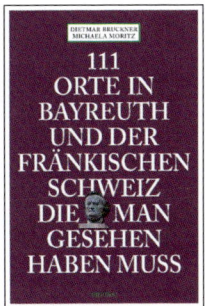

Dietmar Bruckner,
Michaela Moritz
**111 Orte in Bayreuth und der
Fränkischen Schweiz, die
man gesehen haben muss**
ISBN 978-3-95451-130-3

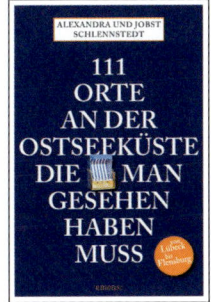

Alexandra und Jobst
Schlennstedt
**111 Orte an der
Ostseeküste, die man
gesehen haben muss**
ISBN 978-3-89705-824-8

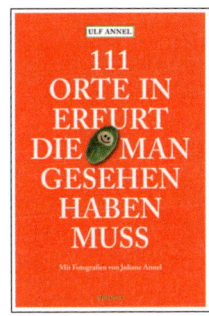

Ulf Annel
**111 Orte in Erfurt, die man
gesehen haben muss**
ISBN 978-3-95451-022-1

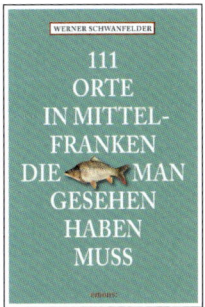

Werner Schwanfelder
**111 Orte in Mittelfranken,
die man gesehen haben muss**
ISBN 978-3-95451-336-9

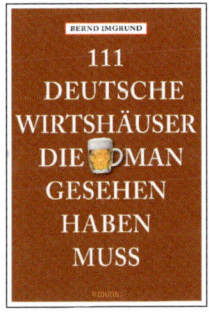

Bernd Imgrund
**111 deutsche Wirtshäuser,
die man gesehen haben muss**
ISBN 978-3-95451-080-1

Cornelia Kuhnert
**111 Orte in Hannover, die
man gesehen haben muss**
ISBN 978-3-95451-086-3

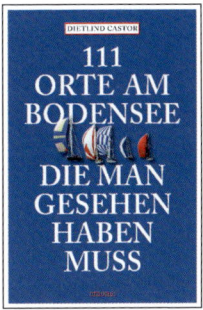

Dietlind Castor
**111 Orte am Bodensee, die
man gesehen haben muss**
ISBN 978-3-95451-063-4

Daniela Bianca Gierok,
Ralf H. Dorweiler
**111 Orte im Schwarzwald, die
man gesehen haben muss**
ISBN 978-3-89705-950-4

Bernd Imgrund
**111 Orte in der Eifel, die
man gesehen haben muss**
ISBN 978-3-95451-003-0

Ich danke herzlich Frau Gisela Schmidt, Potsdam, für monatelanges Recherche-Asyl, unschätzbare inhaltliche Anregungen und kräftigende Gartenkräuter!

Der Autor

Tom Wolf, geboren 1964 in Bad Homburg, studierte Germanistik und Philosophie. Seit 2000 arbeitet er als freier Schriftsteller. Am bekanntesten sind bislang seine Preußen-Krimis. www.tom-wolf.jimdo.com